Les milliards volés

Comment les gisements de gaz de Gaza alimentent une guerre cachée

GEW Sciences sociales, Préface du Dr Hichem Karoui

Collection : Les Carnets de la Méditerranée. Géopolitique.

Copyright © 2025 par GEW Sciences sociales.

Préface par le Dr Hichem Karoui.

Collection : Les Carnets de la Méditerranée. Géopolitique.

Global East-West LTD.

Tous droits réservés.

Aucune partie de cet ouvrage ne peut être reproduite sous quelque forme que ce soit sans l'autorisation écrite de l'éditeur ou de l'auteur, sauf dans les cas prévus par la loi sur le droit d'auteur.

Table

Gaza : la guerre cachée pour les ressources   1

1. Introduction   13
2. Le conflit voilé   31
3. Découverte et promesse   51
4. L'économie du déni   69
5. Les droits maritimes sous le siège   87
6. Les moyens d'obstruction d'Israël   105
7. Le braquage de 2023   125
8. Le rêve riviera de Trump   145
9. L'écho de Netanyahu   165
10. La manne méditerranéenne   183
11. Vers la justice   203

Gaza : la guerre cachée pour les ressources

Préface, par Hichem Karoui

Les réserves de gaz inexploitées du secteur et la géopolitique du déplacement

Les préoccupations sécuritaires, la lutte contre le terrorisme ou les conflits régionaux de longue date encadrent souvent la destruction actuelle à Gaza. En réalité, sous la surface de ce conflit se cache une dimension moins médiatisée mais tout aussi importante : la lutte pour le contrôle d'importantes réserves de gaz naturel offshore qui pourraient changer les perspectives économiques palestiniennes – ou enrichir ceux qui empêchent leur exploitation. L'une des déclarations les plus frappantes à cet égard est celle d'Alain Juillet, ancien directeur de la Direction générale de la sécurité extérieure (DGSE), qui a affirmé que les gisements de gaz offshore de Gaza pourraient générer 3 milliards de dollars de revenus par an, soulignant ainsi un aspect important du conflit qui est souvent négligé dans le discours dominant.

Le gisement gazier Gaza Marine [3], découvert en 2000 à environ 36 kilomètres au large de la côte de Gaza, représente plus qu'une simple ressource énergétique : il symbolise la souveraineté économique palestinienne, qui lui est systématiquement refusée depuis 77 ans. Avec des réserves estimées entre 1 et 1,4 billion de pieds cubes de gaz naturel (environ 30 à 35 milliards de mètres cubes), le gisement pourrait générer entre 3 et 4 milliards de dollars de revenus totaux, fournissant à l'Autorité palestinienne légitime (ou à l'État existant) des revenus annuels importants pendant une période encore indéterminée. [4]

L'économie du déni

Pour comprendre la signification de ces chiffres, il est nécessaire de les replacer dans leur contexte. Si les réserves offshore de Gaza sont modestes par rapport à celles du gigantesque gisement Leviathan (600 milliards de mètres cubes), contrôlé par Israël, ou du gisement égyptien Zohr (850 milliards de mètres cubes), leur impact économique sur Gaza sera transformateur. Le seul gisement Léviathan génère environ 10 milliards de dollars par an de recettes d'exportation, et Israël devrait percevoir entre 57 et 74 milliards de dollars de taxes liées au gaz au cours de la prochaine décennie. Pour la bande de Gaza appauvrie, même une petite partie de ces recettes représenterait une libération économique.

Selon le rapport 2019 de la CNUCED [7] (Conférence des Nations unies sur le commerce et le développement), les Palestiniens ont déjà perdu environ 2,57 milliards de dollars en raison de l'interdiction d'exploiter leurs ressources maritimes depuis 2000. Ce chiffre augmente considérablement chaque année et représente non seulement une perte financière, mais aussi une privation systématique de développement économique et d'indépendance énergétique, qui sont les fondements sur lesquels devrait se construire le futur État palestinien.

Droit international et droits maritimes

En vertu de la Convention des Nations unies sur le droit de la mer (CNUDM), à laquelle la Palestine a adhéré en 2015, l'État palestinien jouit de droits souverains sur ses zones maritimes, y compris la zone économique exclusive s'étendant jusqu'à 200 milles marins à partir de sa ligne de base. La Palestine a officiellement déclaré ses frontières maritimes en 2019, Gaza Marine étant située dans les eaux territoriales palestiniennes.

Cependant, Israël, bien que n'étant pas partie à la Convention des Nations unies sur le droit de la mer, a systématiquement entravé le développement de Gaza Marine par divers moyens [10] : occupation militaire, restrictions liées au blocus maritime, obstruction politique et, plus récemment, octroi de licences d'exploration gazière à des entreprises internationales dans des zones situées à l'intérieur des frontières maritimes palestiniennes.

En octobre 2023, quelques jours après avoir intensifié ses attaques contre Gaza, Israël a accordé des licences à six entreprises israéliennes et internationales, dont l'italienne Eni, la britannique BP et Dana Petroleum, pour explorer le gaz dans la zone G, dont 62 % se trouve à l'intérieur des frontières maritimes déclarées par la Palestine.

Cela constitue ce que les experts juridiques internationaux qualifient de « pillage » des ressources naturelles palestiniennes [13], en violation de l'article 55 de la quatrième Convention de Genève du Code de La Haye, qui interdit aux forces d'occupation d'exploiter à des fins commerciales les ressources non renouvelables limitées.

La vision de Trump et l'accord de Netanyahu

Les différentes propositions avancées par le président

Trump concernant Gaza tout au long de l'année 2025 révèlent l'ampleur des ressources qui se cachent derrière le discours humanitaire. [14] En février 2025, Trump a proposé que les États-Unis « contrôlent » Gaza, avec la réinstallation permanente des Palestiniens dans les pays voisins – un plan qu'il a ensuite décrit comme transformant Gaza en « Riviera du Moyen-Orient ». [15] Bien que les responsables de l'administration soient ensuite revenus sur ces déclarations, affirmant que tout déplacement serait « temporaire », Trump est revenu à plusieurs reprises sur le thème du nettoyage de Gaza en vue de son réaménagement. [16]

Le soutien enthousiaste du Premier ministre Netanyahu aux propositions de Trump devient plus compréhensible lorsqu'on le considère sous l'angle du contrôle des ressources. [17] Les ministres israéliens d'extrême droite Bezalel Smotrich et Itamar Ben-Gvir ont ouvertement appelé à la réinstallation « volontaire » (ailleurs) de 2,1 millions de Palestiniens de Gaza et à la création de colonies israéliennes à Gaza, des politiques que les experts juridiques internationaux qualifient de nettoyage ethnique. Smotrich a déclaré que Gaza faisait « partie intégrante » d'Israël et a présenté des plans visant à la détruire complètement, ses habitants étant « concentrés » dans le sud avant de partir « en grand nombre vers des pays tiers ». [18]

Le « plan de paix en 20 points » présenté par Trump en septembre 2025, bien que formulé de manière plus diplomatique, contient des dispositions du « plan de développement économique » de Trump qui préconisent la création de zones économiques spéciales, de nouveaux mécanismes coloniaux qui pourraient faciliter l'exploitation des ressources par des étrangers sans le consentement ou le contrôle effectif des Palestiniens.

Contexte des ressources

Le vaste bassin méditerranéen contient environ 122 000 milliards de pieds cubes de gaz naturel et 1,7 milliard de barils de pétrole, ce qui en fait l'une des régions les plus importantes au monde en termes d'hydrocarbures. [19] Le contrôle d'Israël sur les ressources palestiniennes s'étend au-delà de la bande de Gaza pour inclure le gisement de pétrole et de gaz de Majd, situé sous la Cisjordanie, dont la valeur est estimée entre 84 et 120 milliards de dollars – des ressources auxquelles les Palestiniens n'ont pas accès en raison de l'occupation israélienne. [20]

Cette privation systématique se produit alors qu'Israël exploite en toute impunité les gisements maritimes qu'il contrôle, exporte chaque année pour des milliards de dollars de gaz vers l'Égypte et la Jordanie et accorde des licences d'exploration dans les eaux contestées. L'hypocrisie est ici évidente : Israël invoque des raisons de sécurité pour empêcher l'exploitation du gaz palestinien au profit du peuple palestinien, tout en exploitant des plateformes au large de Gaza et en faisant passer des pipelines dans les eaux territoriales palestiniennes.

Devrions-nous croire qu'Israël a de bonnes intentions ?

L'ampleur des ressources apporte une clarté troublante à

ceux qui croient aux « bonnes intentions » de Trump ou considèrent que les politiques israéliennes à Gaza sont motivées uniquement par des préoccupations sécuritaires. Lorsque des dirigeants politiques proposent d'expulser toute la population indigène d'un territoire riche en ressources énergétiques estimées à des milliards de dollars, lorsqu'ils empêchent l'exploitation de ces ressources pendant 25 ans tout en développant les gisements voisins à leur propre profit, et lorsqu'ils accordent des licences d'exploration dans les eaux occupées à des entreprises internationales,

Ce ne sont pas là les actions de parties en quête de paix et de coexistence pacifique. Alain Juillet observe que la rentabilité du gaz de Gaza « explique l'intérêt d'expulser les Palestiniens de l'enclave », et il ne s'agit pas là d'une théorie du complot, mais d'une réalité géopolitique fondée sur des politiques documentées, des violations du droit et des données économiques.

Le tableau est assez clair : déni systématique des droits des Palestiniens sur les ressources, propositions de déplacement de la population et projets de « réaménagement » de Gaza sous contrôle « international » ou israélien.

Comme l'a souligné l'expert en énergie Michael Baron, la reconnaissance internationale de l'État palestinien pourrait renforcer les revendications juridiques sur la zone maritime de Gaza. Cependant, Israël et ses alliés s'opposent précisément à cette reconnaissance, car elle établirait des droits souverains indéniables sur ces ressources. La guerre contre Gaza concerne certes le contrôle politique, mais elle concerne aussi sans aucun doute la question de savoir qui profitera des ressources naturelles sous ses eaux.

Hichem Karoui, chercheur invité au Centre de recherche

sino-arabe sur la réforme et le développement de l'Université des études internationales de Shanghai (SISU). Novembre 2025.

***

[1] Betsey Piette, Derrière la « stratégie finale » d'Israël pour Gaza : le vol des réserves de gaz offshore. Workers World, 14 novembre 2023. https://www.workers.org/2023/11/74864/

[2] Quel avenir pour Gaza ? Une impasse géopolitique insoutenable. Entretien avec Alain Juillet par Claude Medori. Open Box TV. https://youtu.be/vAKTsftkNxQ?si=arPz7kURFr4eMfj0&t=1

Voir également :

J.L. Hardy. Le génocide à Gaza représente un revenu annuel de 3 milliards de dollars pour Israël. Le Club Mediapart, 1er juillet 2024 : https://blogs.mediapart.fr/jean-lucien-hardy/blog/010724/le-genocide-de-gaza-represente-un-revenu-annuel-de-3-milliards-de-dollars-pour-israel

Emilien Lacombe. Pétrole et gaz au large de Gaza. IDJ, actualités du jour. 6 février 2025.

https://infodujour.fr/societe/geopolitique/75581-du-petrole-et-du-gaz-au-large-de-gaza

[3] Gaza Marine. CC Energy. https://www.ccenergyltd.com/operations/palestine/overview

[4] Abdrabou A. H. Alanzi, Gaza Marine Gas: Economic Opportunities & Political Challenges in Israeli-Palestinian

Conflict. Journaux d'études commerciales et de gestion Vol. 1 : Numéro 1. 23 juin 2025. https://www.dmjr-journals.com/assets/article/1750629014-GAZA_MARINE_GAS:_A_STRATEGIC_RESOURCE_BETWEEN_ECONOMIC_OPPORTUNITIES_AND_POLITICAL_CHALLENGES_IN_THE_ISRAELI-PALESTINIAN_CONFLICT.pdf

[5] Quelles sont les réserves de gaz de Gaza et qui pourrait en tirer profit ? Sarajevo Times. 23 février 2025. https://sarajevotimes.com/how-much-gas-reserves-does-gaza-have-and-who-could-profit/

[6] Sharon Wrobel, Israël devrait percevoir jusqu'à 74 milliards de livres sterling de taxes sur le gaz naturel au cours de la prochaine décennie. The Times of Israel, 30 juin 2025. https://www.timesofisrael.com/liveblog_entry/israel-expected-to-earn-up-to-74-billion-in-taxes-from-natural-gas-over-next-decade/

[7] Les coûts économiques de l'occupation israélienne pour le peuple palestinien : le potentiel pétrolier et gazier non exploité. Rapport de la CNUCED. 2019. https://unctad.org/system/files/official-document/gdsapp2019d1_en.pdf

[8] Patrick Mazza, Quel est le lien entre l'exploitation du gaz offshore à Gaza et l'invasion israélienne ? 26 janvier 2024. https://www.counterpunch.org/2024/01/26/how-is-gaza-offshore-gas-development-tied-to-the-israeli-invasion/

[9] René Lefeber, Le droit international et l'utilisation des ressources maritimes en hydrocarbures. CIEP/IGU, 2015. https://www.ifri.org/sites/default/files/migrated_files/documents/atoms/files/law_of_the_sea_tf3_igu_final_m

ay_2015.pdf

[10] Qafisheh MM, Bastaki J, Kattan V. Gaza Marine : les faits et le droit. Leiden Journal of International Law. 2025 ; 38(1) : 42-57. doi : 10.1017/S0922156525100423

[11] Alors que la guerre fait rage, le gisement de gaz de Gaza, d'une valeur de 4 milliards de livres sterling, reste inexploité. Y net. 20.07.25.

https://www.ynetnews.com/environment/article/syfvy39ugl

[12] Murat Temizer, Israël accorde une licence d'exploration gazière dans des zones considérées comme situées à l'intérieur des frontières maritimes de la Palestine. Agence Anadolu, 15.02.2024. https://www.aa.com.tr/en/middle-east/israel-grants-gas-exploration-license-in-areas-considered-to-be-within-palestines-maritime-boundary/3138367

[13] Les licences d'exploration gazière israéliennes dans les zones maritimes palestiniennes sont illégales et violent le droit international. Al-Haq. 8 février 2024. https://www.alhaq.org/advocacy/22619.html

[14] L'autre raison pour laquelle Trump souhaite contrôler Gaza : l'exploitation de ses gisements gaziers offshore. WorldCrunch. 12 février 2025.

https://worldcrunch.com/focus/israel-palestine-war/trump-gaza-gas/

[15] Kanishka Singh, Chronologie des déclarations de Trump sur le déplacement des Palestiniens et la prise de contrôle de Gaza. Reuters, 8 juillet 2025. https://www.reuters.com/world/middle-east/trumps-remarks-plan-take-over-gaza-displace-palestinians-2025-02-20/

[16] Amr Hamzawy, Le plan de paix de Trump pour Gaza :

complet, ambitieux et malheureusement ambigu. Carnegie Endowment for International Peace. 1er octobre 2025. https://carnegieendowment.org/emissary/2025/10/gaza-trump-peace-plan-comprehensive-obstacles?lang=en

[17] Franco Ordoñez, Trump annonce un accord avec Israël pour mettre fin à la guerre à Gaza. NPR. 29 septembre 2025. https://www.npr.org/2025/09/29/nx-s1-5556916/trump-israel-gaza-netanyahu

[18] Tinshui Yeung, Trump déclare qu'Israël remettra Gaza aux États-Unis après la fin des combats. BBC, 6 février 2025. https://www.bbc.com/news/articles/c4g9xgj2429o

[19] Évaluation des ressources pétrolières et gazières non découvertes dans la province du bassin du Levant, en Méditerranée orientale. U.S. Geological Survey. Fiche d'information 2010-3014. Mars 2010.
https://pubs.usgs.gov/fs/2010/3014/pdf/FS10-3014.pdf

[20] Ramon Lopez, Au large de Gaza : le gaz présent dans les roches sédimentaires en eaux profondes, un autre élément du conflit. Blogs de l'EGU, 1er décembre 2023. https://blogs.egu.eu/divisions/ssp/2023/12/01/offshore-gaza-gas-in-deep-water-sedimentary-reservoir-rocks-as-another-element-in-the-conflict/

[21] Selon un expert, la reconnaissance d'un État palestinien indépendant pourrait débloquer les richesses gazières contestées. Arab News. 20 juillet 2025. https://www.arabnews.com/node/2608797/middle-east

1
Introduction
Le plan de paix de Trump

Comment pourrait-il s'agir d'une solution sans mettre fin à l'occupation israélienne ?

Optimisme, pessimisme et controverse ont accompagné le plan de paix proposé par le président américain Donald Trump, qui était « en préparation » depuis un certain temps. Cette section du livre vise à situer les principaux éléments du plan et à les décrire au lecteur. Elle constitue donc une étape préparatoire à l'évaluation plus approfondie qui suivra. Nous cherchons à présenter la stratégie et ses résultats probables de manière exhaustive, tout en conservant équité et équilibre.

Les composantes sociales et politiques, les facteurs démographiques et autres facteurs géopolitiques du plan seront examinés afin de permettre au lecteur d'en saisir les concepts majeurs. Pour adopter une attitude optimiste ou sceptique à l'égard des visions, des plans et des constructions de Trump, tout en évaluant leur faisabilité et leur valeur, il est nécessaire de faire preuve d'ouverture d'esprit. Les lecteurs seront invités à entreprendre un voyage analytique afin d'obtenir les informations pertinentes sur la manière dont le plan aspire à atteindre ses buts, ses objectifs et ses défauts associés. Les chapitres suivants présenteront les constructions historiques, juridiques et géopolitiques alignées sur le plan afin que nous puissions appliquer le double processus de compréhension et de critique pour déterminer l'étendue et les limites de son utilité pratique dans la promotion d'une paix durable dans la région.

Contexte historique du conflit

La géopolitique du conflit israélo-palestinien repose sur une trame historique complexe tissée au fil des siècles. Pour comprendre le conflit, il est nécessaire d'examiner son histoire, ce qui est essentiel pour saisir la complexité des facteurs qui ont rendu ce différend si durable.

Les origines du conflit remontent à la fin du XIXe siècle, avec l'essor du mouvement sioniste et l'arrivée subséquente d'immigrants juifs dans la région qui était alors sous l'Empire ottoman. Les premières mesures prises par les pionniers sionistes pour s'assurer une patrie dans ce qui est connu sous le nom de Palestine ont déclenché des tensions nationalistes entre Juifs et Arabes, qui ont donné lieu à de vifs débats sur la terre et la souveraineté.

La période qui a suivi la Première Guerre mondiale a été marquée par l'effondrement de l'Empire ottoman et le début du contrôle britannique sur la Palestine. Cette période a constitué un tournant dans l'histoire du conflit. La déclaration Balfour de 1917 a attribué la colonie juive en Palestine et promis une « patrie » aux Juifs. Cela a considérablement exacerbé le conflit entre la population arabe locale et les nouvelles colonies juives.

Le conflit après la Seconde Guerre mondiale a également été terrible. Il résultait du plan de partition de la Palestine proposé par les Nations unies en 1947, qui visait à créer un État juif et un État arabe sur le territoire palestinien. Les propositions de partition de la Palestine et l'hostilité arabe qui s'ensuivit ont abouti à la guerre israélo-arabe de 1948. Celle-ci a conduit à la déclaration de l'État d'Israël. De nombreux Arabes et Palestiniens ont été déplacés, victimes des ravages de la guerre.

Les engagements militaires qui ont suivi comprennent la guerre des Six Jours et la guerre du Kippour, qui, ensemble, ont modifié la situation politique et territoriale de la région. Cela a également mis en évidence les animosités entre les peuples impliqués dans le conflit. L'hostilité violente à l'égard des Palestiniens, qui se poursuit encore aujourd'hui, a violé leurs frontières et étendu la région de colonisation. Cela a encore élargi le conflit et aggravé les problèmes.

Le conflit israélo-palestinien s'articule autour d'histoires, de griefs, de revendications territoriales et d'héritages concurrents. Il reste étroitement lié à plusieurs événements historiques et identités culturelles. Cela continue d'affecter la quête de paix et de réconciliation.

Le conflit israélo-palestinien est l'un des plus complexes. Il comporte de multiples complications politiques, économiques, sociales et sécuritaires. Toutes ces questions sont abordées dans le « Plan pour la paix ». Il s'agit de l'une des tentatives les plus synthétiques visant à instaurer une paix durable, la sécurité et la prospérité économique pour toutes les parties impliquées dans le conflit.

Plan de paix – Aperçu

Le « Plan pour la paix » vise à résoudre les animosités historiques et à harmoniser les efforts de coopération entre les deux parties. Il y parvient grâce à une diplomatie approfondie, à des mesures économiques et sécuritaires et à la coopération. Il cherche à mettre en place une structure sous-jacente contrôlée et équilibrée pour la coexistence. Les conflits et les aspirations des deux parties doivent également être pris en compte. C'est l'essence même du « Plan pour la paix ».

En outre, le plan de paix utilise l'influence et les ressources des principaux acteurs mondiaux pour favoriser le dialogue et instaurer la confiance afin de faciliter et de mettre en œuvre des actions essentielles pour l'avancement du contexte international. Les acteurs régionaux, internationaux et mondiaux influents doivent être impliqués afin de consolider les efforts en faveur de la paix et de la stabilité dans la région.

L'équilibre de la vue d'ensemble réside dans la reconnaissance du fait que la paix ne peut être atteinte sans la satisfaction des droits et des intérêts de toutes les parties concernées, ainsi que la prise en compte des dynamiques géopolitiques sous-jacentes. Par conséquent, le Plan pour la paix reconnaît la nécessité d'intégrer les griefs historiques, les réalités modernes et les attentes futures. Il reconnaît la complexité du conflit et l'importance de l'identité, de la citoyenneté et de l'intégrité physique afin de fournir une vision globale des multiples facettes du conflit.

Le Plan pour la paix rassemble des visions et des rôles très prometteurs. Il dépasse les cadres conventionnels et explore de nouvelles voies pour atteindre des objectifs anciens. Il concrétise son caractère ambitieux grâce à son approche globale de l'un des conflits les plus complexes de notre époque. Il vise à façonner l'avenir de la justice en résolvant le conflit avec toute l'attention qu'il mérite. Ce plan sert également de guide pour atteindre les objectifs définis et représente une lueur d'espoir pour ceux qui souhaitent voir s'instaurer une paix et une stabilité durables dans la région.

Plan de paix : aperçu

Le plan de paix est un document mûrement réfléchi visant à résoudre le conflit israélo-palestinien. Il définit une approche de la paix qui soit sûre et prospère pour toutes les parties prenantes. Outre la paix, cette approche inclut les aspects politiques, économiques, sécuritaires et sociaux du conflit, qui constituent tous une partie importante des complexités interdépendantes de la région.

Le plan de paix s'efforce de résoudre les questions fondamentales et de promouvoir la coopération « dans l'intérêt des deux parties ». Il s'agit d'une stratégie intégrée qui utilise la diplomatie, l'aide économique et la coopération militaire pour créer les conditions nécessaires à la stabilité et à la coexistence pacifique des parties. Il espère résoudre les questions fondamentales du conflit afin d'équilibrer les aspirations des deux parties, en laissant une solution équitable et durable.

Le Plan pour la paix s'appuie sur la communauté internationale pour atteindre ses objectifs, ce qui souligne l'importance de la collaboration et de l'aide internationales, comme le souligne le document. Il rassemble les moteurs et les ressources des principaux acteurs mondiaux afin de faciliter les discussions, d'instaurer la confiance et de prendre des mesures cruciales pour ouvrir la voie à l'avancement des activités essentielles. Cela implique de travailler avec les parties prenantes locales, les parties prenantes mondiales, les systèmes internationaux et les acteurs influents afin de former une coalition pour parvenir à la paix et à la stabilité dans la région.

Dans ce cas, l'aspect le plus important est de comprendre que la paix ne peut être atteinte qu'après avoir pris en considération les droits et les intérêts de tous et la situation internationale actuelle, qui est complexe. C'est pourquoi le Plan pour la paix soutient que les griefs historiques et actuels ainsi que les perspectives d'avenir du conflit sont tous très sensibles et doivent être maîtrisés. Il comprend les subtilités dynamiques et innovantes de l'identité propre, de l'autodétermination et de la capture de l'ordre public. Il apprécie le conflit et les diverses complexités qui y sont associées.

La réalisation du plan de paix transcende la portée conventionnelle de ces phénomènes tout en proposant de nouveaux paradigmes pour relever des défis séculaires. La portée du plan se concentre uniquement sur les objectifs du conflit de paix prolongé. Cela souligne le sérieux du plan dans la mise en œuvre des principes de justice, de dignité et de prospérité, tout en répondant aux aspirations d'une multitude de personnes. La description minutieuse des procédures à suivre pour atteindre les objectifs fait également de ce plan un pilier pour les personnes dont les aspirations sont centrées sur la paix et la stabilité dans la région.

L'occupation et ses dimensions juridiques

L'occupation territoriale a été un facteur déterminant dans le conflit qui oppose Israël et la Palestine. L'analyse de l'occupation d'un point de vue juridique révèle à quel point cette question est complexe et étroitement liée au droit international, en particulier à la quatrième Convention de Genève de 1949. Cette convention accorde certaines protections aux populations civiles des belligérants et interdit à l'État occupant de transférer des segments de sa propre population civile dans les zones qu'il occupe, en l'occurrence Israël. Cependant, le débat autour de l'occupation israélienne reste extrêmement controversé en ce qui concerne son application pratique. Les droits du peuple palestinien continuent d'être violés sur la scène internationale, les déplacements de population et l'établissement de colonies israéliennes en territoire palestinien étant les violations les plus flagrantes du droit international.

En outre, de nombreuses résolutions du Conseil de sécurité des Nations unies concernant l'occupation israélienne ont été adoptées, qui, dans la plupart des cas, remettent en question son maintien. Les résolutions 242 et 338 du Conseil de sécurité des Nations unies se distinguent par le fait qu'elles soulignent « l'impossibilité d'obtenir un territoire par la guerre » et, en outre, exigent le retrait des forces armées israéliennes des territoires qu'elles occupent. Ces résolutions ont jeté les bases de la position du reste du monde concernant l'occupation israélienne.

Depuis l'avis consultatif rendu par la Cour internationale de justice (CIJ) en 2004, il est juridiquement admis que la barrière de séparation construite par Israël sur les territoires palestiniens occupés est illégale et contraire au droit international. La Cour a confirmé que la construction de la barrière était illégale et a réaffirmé la nécessité pour Israël de cesser la construction de la barrière, de démanteler les parties construites et de verser des réparations pour les dommages causés. Néanmoins, la barrière continue d'affecter la vie quotidienne des Palestiniens et la construction de colonies israéliennes ne semble pas cesser. Au-delà des outils juridiques et des décisions spécifiques, le contexte particulier de l'occupation a des répercussions sur l'exercice du droit à l'autodétermination du peuple palestinien. Les limites juridiques de l'autodétermination, qui constituent en soi un déni d'un droit fondamental, soulèvent d'importantes questions juridiques relatives à l'occupation qui concernent la question de la souveraineté, de l'intégrité territoriale et de la réalisation de l'autodétermination du peuple palestinien dans l'ordre juridique international. Il est donc essentiel d'étudier les aspects juridiques de l'occupation afin de comprendre les détails complexes du conflit israélo-palestinien et la recherche d'une paix durable.

Motivations géopolitiques derrière le plan

Les marionnettistes qui se cachent derrière les complexités, la longue histoire et la culture fluide qui s'étend d'une civilisation à l'autre doivent d'abord s'attaquer à l'un des fondements de la civilisation, à savoir la paix. Quelle civilisation existe-t-il dans l'océan déchaîné de la guerre, parmi les tyrans et les fragiles Saoudiens et Iraniens en paix ? L'objectif ultime est de capturer le gros poisson du marais. L'objectif est de connecter, de renforcer et de favoriser les alliances, en travaillant à l'unisson pour contrer les menaces internes et régionales. Avec des plans de paix, le style caractéristique souligne le contrôle et atténue la rivalité dans la région. Le Moyen-Orient, perle stratégiquement placée sur le collier des ressources, brille et jette des ombres sous l'influence des États-Unis, de la Russie et de la Chine, qui étendent leur pouvoir. Tous les marionnettistes tirent les ficelles au centre du plateau, et depuis les hauteurs, la paix et la discrétion fument tout en affichant leur puissance. La portée est loin d'être limitée à l'intérieur ; les conflits internes s'étendent bien au-delà des horizons.

En outre, les guerres et la diplomatie historiques, en particulier la glorification et la diabolisation des ennemis, influencent les stratégies géopolitiques qui sous-tendent le plan. L'attention géopolitique, les interventions et les conflits souvent directs qui ont duré des décennies ont produit un cadre complexe de relations qui restent fluides et actives. Ces facteurs décrivent les éléments d'un cadre qui s'est développé au fil des décennies et qui converge. Cependant, chaque acteur tente d'exploiter une situation particulière pour améliorer sa position et atteindre ses objectifs principaux.

Les conséquences des objectifs géopolitiques du plan sont tout aussi importantes, en particulier en ce qui concerne leur impact sur la stabilité globale de la région. La région du Moyen-Orient est interdépendante et, par conséquent, toute tentative d'établir la paix dans cette région a des conséquences qui vont au-delà des négociateurs directs. Le positionnement géopolitique devient complexe en raison de l'implication des parties directes et immédiates au conflit, des États voisins, des groupements régionaux et de la communauté internationale.

Enfin, l'objectif d'un Moyen-Orient prospère et pacifique est la motivation de cette vision. Le plan vise à résoudre le conflit israélo-palestinien comme première étape pour permettre une plus grande collaboration au niveau régional et favoriser le développement économique et social dans la région. Ce rêve comporte également des éléments stratégiques : un Moyen-Orient en ordre optimal, stable et prospère, est un avantage pour toutes les parties prenantes du plan de paix. Cet ensemble de facteurs stratégiques complexes est important pour comprendre le contexte de la proposition de paix et son impact possible sur la région.

Les voix des détracteurs : Des solutions en retard

Toutes les parties prenantes impliquées dans l'élaboration d'un plan de paix pour le conflit israélo-palestinien fondent leurs perspectives sous-jacentes sur les critiques formulées. Ce sont les voix critiques qui soulèvent les problèmes liés aux discours positifs des plans de paix presque utopiques. La complexité des voix critiques est un contrepoids nécessaire au discours optimiste, parfois utopique, des plans de paix. Les critiques les plus fréquentes à l'égard des plans de paix, y compris ceux associés à l'administration Trump, concernent les questions territoriales, souveraines et sécuritaires, ainsi que la vision globale d'une résolution fondamentale et à long terme du conflit. Elles soutiennent, comme beaucoup d'autres, que l'absence de prise en compte des relations fondamentales de pouvoir et d'inégalité dans tout projet proposé constitue une lacune. En outre, certains critiques affirment que le projet proposé ne consulte pas les principales parties prenantes, en particulier les dirigeants palestiniens, ce qui compromet la portée, l'intégrité et l'engagement du projet à être holistique et durable. De plus, les critiques soulignent également l'absence de résolutions fondamentales concernant les colonies israéliennes dans les territoires occupés, ce qui constitue en effet un obstacle majeur.

De plus, les droits et les aspirations des réfugiés palestiniens, ainsi que la manière dont ils ont été ignorés, mettent clairement en évidence une autre crise humanitaire et de déplacement qui trouve son origine dans le conflit, ce qui a également fait l'objet de critiques. Les critiques soulignent également le manque de prise en compte des conséquences géopolitiques plus larges et des ramifications de l'adoption d'un plan qui manque considérablement de contexte régional et ignore les préoccupations juridiques internationales. Ainsi, la logique sous-jacente de tout prétendu plan de paix et son applicabilité resteront étroitement liées et dépendantes du droit international et des traités, ainsi que des intérêts des pays voisins à participer et à coopérer au processus de paix. Ces critiques suggèrent en particulier la nécessité d'une approche susceptible de rectifier les torts historiques et les violations non fondées des droits de l'homme, telle qu'une véritable reconnaissance et un véritable respect mutuels. Ces critiques approfondies mettent en évidence les lacunes en matière d'efficacité et de praticabilité des propositions de paix qui ont été faites, ainsi que le changement d'approche nécessaire pour résoudre le conflit. Il semble urgent de répondre aux droits et aux attentes des citoyens d'Israël et des territoires palestiniens.

Réactions sur le terrain et au niveau international

Cette partie nécessite de comprendre les réactions des pays voisins et d'autres pays concernant les différents plans de paix élaborés pour les conflits israélo-palestiniens. Les pays voisins, et plus particulièrement l'Égypte, la Jordanie et l'Arabie saoudite, ainsi que les autres pays du Golfe, se sont impliqués dans le passé dans des activités de résolution des conflits et de rétablissement de la paix et ont offert leurs conseils. Certains de ces changements ont été apportés en réponse à d'autres circonstances géographiques, politiques, sociales et économiques ou aux intérêts de l'État.

En outre, les actions et les préoccupations de l'ONU, de l'Union européenne et des États-Unis ont déjà été alignées sur leurs approches visant à maintenir l'ordre dans le conflit. Ces pays ont fourni des fonds et participé diplomatiquement, et dans certains cas directement, à la résolution des différends dans le conflit. Ces actions ont été prises en fonction de l'équilibre des pouvoirs et d'autres intérêts, et leurs préoccupations concernant l'ordre et la paix dans la région ne sont pas très rationnelles.

L'importance du travail accompli par des acteurs non marchands tels que les grandes ONG et les groupes humanitaires et de défense des droits humains doit également être prise en compte dans le contexte de leur travail d'adaptation des politiques et de modification des perceptions mondiales. Leur travail sur le terrain et leur participation aux agendas mondiaux ont suscité des débats critiques, mis au jour des violations des droits humains et offert des points de vue alternatifs dans des discussions controversées.

La complexité de ces réactions régionales et mondiales nécessite d'étudier les réseaux de partenariats, les liens historiques et les courants des relations de pouvoir qui encadrent les considérations des acteurs concernés. Leurs positions, leurs interactions et les particularités de leurs actions constituent une partie importante du contexte du plan de paix et fournissent une base pour une stratégie nuancée qui intègre des arguments complexes au-delà des dichotomies simplistes et des hypothèses flagrantes.

Études de cas en matière de résolution des conflits

Lorsqu'on étudie les aspects multidimensionnels de la résolution des conflits dans le cadre du conflit israélo-palestinien, il est essentiel d'examiner pourquoi certaines études de cas semblent offrir les perspectives et les orientations les plus pertinentes pour la paix. Les accords d'Oslo de 1993 en sont un exemple. Malgré de nombreux défis, ces accords ont jeté les bases d'une reconnaissance mutuelle, d'une autonomie provisoire pour les Palestiniens et d'un retrait progressif des troupes israéliennes de certaines zones de Gaza et de Cisjordanie. Les événements qui ont suivi ont toutefois montré que la violence et les conflits continuaient de faire rage autour de ces vestiges d'accord et d'autonomie. Une autre étude de cas notable est celle du sommet de Camp David en 2000, où les discussions entre les dirigeants israéliens et palestiniens ont fait naître un certain espoir, mais où ils n'ont pas pu envisager l'idée d'une paix véritable et durable en raison du problème de la souveraineté sur Jérusalem et des frontières d'un futur État palestinien, ainsi que de la question des réfugiés palestiniens. Ces événements historiques reflètent le travail complexe et de longue haleine qui doit être accompli pour parvenir à la paix dans la région, malgré le leadership et le soutien de la communauté internationale. D'un point de vue plus positif, cela permet de mieux comprendre l'accord du Vendredi saint négocié et mis en œuvre en Irlande du Nord.

Les éléments de partage du pouvoir contenus dans l'accord, les processus de désarmement et les mesures de renforcement de la confiance entre les communautés constituent des « leçons apprises » qui peuvent être adaptées au Moyen-Orient – c'est l'un des aspects importants de l'accord. En outre, le passage de l'Afrique du Sud d'un régime d'apartheid à un État démocratique illustre la nécessité de matrices de dialogue, de processus inclusifs de vérité et de réconciliation, et de justice transitionnelle pour surmonter les profondes fractures sociales. Cette étude de cas affirme la nécessité de reconnaître et de combler les lacunes résultant de l'incapacité collective à agir en faveur d'une justice fondamentale, ainsi que la nécessité d'un cadre unificateur pour parvenir à une société diversifiée. Enfin, l'évolution post-conflit du Rwanda met particulièrement en lumière les mécanismes de coexistence et de réconciliation après un génocide. Les éléments constitutifs de ce cadre sont les tribunaux communautaires « Gacaca », les réparations « nationales » et les politiques gouvernementales d'« unité » et de « guérison ». Ces éléments individuels issus de différentes études de cas mettent en évidence la manière dont sont abordées les différentes questions non résolues liées aux conflits et permettent de mieux comprendre la complexité de la résolution des conflits. La nature diversifiée des études sur les conflits souligne la nécessité d'une compréhension large et nuancée des conflits, combinant une réflexion juridique, historique et sociopolitique. L'étude de ces cas concrets réfute l'idée selon laquelle la paix peut être facilement obtenue et souligne la nécessité de comprendre la complexité des griefs, de prendre des initiatives pour impliquer toutes les parties prenantes, de rechercher des moyens de remédier aux injustices non résolues, de promouvoir le dialogue et la collaboration, et de s'engager avec toutes les parties pour favoriser un changement systémique.

La voie vers une paix véritable et conclusion

En conclusion, les études de cas fournissent un aperçu des défis et des succès variables des initiatives de paix et soulignent l'importance de résoudre les problèmes fondamentaux et les besoins de chaque partie et d'obtenir des résultats intégratifs et durables. Compte tenu de la multitude de conflits, de plans de paix et de résolutions, il apparaît clairement que la vision de la paix à construire pour la région considérée doit être élaborée avec le plus grand soin, en tenant compte des subtilités historiques, des sensibilités géopolitiques et de l'aspect personnel et humain des conflits. Contrairement à la vision présentée par M. Trump, les plans pour une paix réelle intégreraient, grâce à des approches ascendantes, les cadres juridiques, diplomatiques et humanitaires des conflits proposés et fusionneraient avec l'action locale au niveau communautaire. Il existe une fusion entre la responsabilité humanitaire et les approches ascendantes qui défient la violence envers les cadres de justice intégratifs. En parallèle, le droit international est rigoureusement respecté. Parmi ceux-ci, dans le cadre de la question centrale, le cadre proposé reconnaît le peuple palestinien et, surtout, l'État et l'autodétermination. Au cœur d'une paix véritable, les contours de la justice impliqueraient, d'une part, la déconstruction des cadres inéquitables de l'occupation et, d'autre part, la démocratie d'une coexistence équitable et juste. En d'autres termes, une paix véritable stipule un cadre de dialogue, de confiance et d'autres actions concrètes.

En outre, elle nécessite la participation active de la communauté internationale, qui doit s'attaquer aux motivations plus profondes du conflit et œuvrer à la cessation des pratiques discriminatoires. Toutes les parties concernées dans la région devraient mettre l'accent sur la collaboration, l'intégration économique et les échanges culturels en tant qu'aspects essentiels d'une paix durable. La réalisation d'une paix authentique exigera un leadership courageux, un attachement aux principes des droits de l'homme et la capacité de s'attaquer aux préjugés systémiques et aux déséquilibres de pouvoir. Il est nécessaire de transcender les limites des intérêts personnels temporaires pour adopter un cadre unifié de prospérité et de paix pour l'ensemble de la région. La voie vers la paix dans sa forme la plus authentique n'est pas une question de calcul politique ou de stratégie, mais plutôt une question d'éthique, à laquelle la communauté internationale devrait se conformer. Alors que nous avançons dans ce monde, en essayant de trouver un équilibre entre ces différents domaines, nous devons nous rappeler la passion des personnes qui souhaitent un monde où les gens peuvent vivre ensemble en tant que voisins. La lutte pour la paix dans sa forme la plus authentique est extrêmement importante pour la région et ses habitants, qui y vivaient autrefois dans la dignité.

2
Le conflit voilé
Au-delà de la sécurité et du « terrorisme »

Idées fausses et conflits : Une analyse et une nouvelle perspective

L'histoire du concept du conflit israélo-palestinien, et le conflit lui-même, risquent d'occulter le véritable cœur des faits sous-jacents qui racontent une histoire différente. Depuis plus d'un siècle, le conflit a été façonné non seulement sur le plan politique, mais aussi sur les plans social et économique. Lorsqu'on le replace dans son contexte, il apparaît immédiatement que les Israéliens et les Palestiniens ont construit des récits entremêlés de préjugés et d'idées fausses qui attisent le cycle de la violence et de l'hostilité. L'histoire du conflit est construite à partir de différents récits qui ont simplifié à l'extrême la question et l'histoire qui l'entoure. Pour cadrer la question sur le plan politique, il est nécessaire d'examiner sous deux angles les griefs, les aspirations et les craintes qui caractérisent les systèmes internes des attitudes, tant pour les Palestiniens que pour les Israéliens. Cela signifie qu'il faut tenir compte de phénomènes tels que la déclaration Balfour, les guerres israélo-arabes, les accords d'Oslo et l'extension des colonies israéliennes sur les terres palestiniennes. En outre, il convient d'aborder les conséquences psychologiques d'un conflit chronique, ainsi que les identités individuelles et communautaires, les traumatismes et les souvenirs qui l'accompagnent.

Les récits historiques fondés sur des interprétations erronées peuvent mettre en lumière la manière dont certains aspects sont décrits et d'autres ignorés, un phénomène qui façonne l'histoire contrairement aux faits et crée des obstacles à la compréhension et à la réconciliation. Ce chapitre tente d'analyser ces représentations erronées persistantes de la réalité et de souligner l'importance de repenser le conflit sur des bases historiques plus plausibles et plus approfondies. Revisiter l'histoire permet de confronter les récits erronés et de développer une compréhension nuancée du conflit israélo-palestinien. C'est dans ce contexte qu'il convient de repenser la réalité du conflit afin de formuler une approche plus nuancée et empathique, qui dépasse le contexte historique.

Récits sécuritaires : analyse du contexte politique

En analysant les discours sur la sécurité dans le contexte du conflit israélo-palestinien, on se heurte à un réseau complexe de facteurs historiques, politiques et culturels. Cette section vise donc à décomposer les principaux discours sur la sécurité et à essayer de comprendre leurs implications dans le contexte politique actuel.

À la base, le discours sécuritaire tend à construire une vision déséquilibrée du conflit, en mettant l'accent sur le besoin de sécurité d'Israël et en négligeant le besoin de sécurité des Palestiniens d'une manière plus sophistiquée et nuancée. La question cruciale à laquelle il faut répondre est de savoir comment ces hégémonies ont été et continuent d'être construites et maintenues.

L'un des exemples les plus évidents est la résistance et la dissidence palestiniennes, qui sont présentées dans le contexte de la violence existentielle menaçante des Israéliens. Les actes de protestation et de défense de soi deviennent une attaque contre la psyché israélienne. Ce n'est qu'en décortiquant ce discours que l'on peut comprendre l'effacement structurel et la marginalisation des voix du peuple palestinien.

En outre, la combinaison des discours sécuritaires et de la pensée coloniale mérite certainement d'être examinée de près. La création et l'expansion des colonies israéliennes sont, dans certains cas, passées sous silence et justifiées par des discours et des politiques sécuritaires qui dépossèdent et déplacent les populations palestiniennes. Ces discours sont importants pour remettre en question les injustices profondes et structurelles qui entourent le conflit.

Tout aussi importante est la compréhension et le soutien mondiaux de ces discours sécuritaires, en particulier dans les relations géopolitiques et dans la formulation des informations. La complicité de la communauté internationale dans la domination de ces discours, souvent au détriment des discours palestiniens, témoigne de la portée considérable de ces discours au-delà du contexte local. La manière dont ces discours sont diffusés et intériorisés est essentielle pour comprendre les relations plus larges de pouvoir, de contrôle et de complicité.

En conclusion, il est crucial de démanteler les discours dominants sur la sécurité afin de comprendre le conflit israélo-palestinien d'une manière plus nuancée, qui dépasse les dichotomies pour aborder les questions sous-jacentes de domination. Le discours politique sur la sécurité doit être engagé dans l'espoir de progresser vers un monde équitable et juste, qui reconnaît l'humanité commune que nous partageons tous.

Les étiquettes terroristes : outils politiques et conséquences

L'utilisation du terme « terrorisme » ne se limite pas à la description d'actes violents commis par des individus ou des groupes particuliers, et le contexte dans lequel il est utilisé est encore plus complexe dans le cadre du conflit israélo-palestinien. L'utilisation du mot « terrorisme » a été un instrument défensif central pour attirer l'attention du public, puis élargir l'attrait de l'utilisation d'un cadre particulier autour d'une question donnée. Le « terrorisme » est une étiquette qui devrait être attribuée à des actions données ou à un phénomène faisant l'objet d'un débat sérieux, et elle nécessite une compréhension approfondie qui aborde le conflit dans son ensemble et non de manière fragmentée.

Il est important de comprendre que l'attribution d'étiquettes, en l'occurrence l'utilisation du terme « terrorisme », dépend du cas particulier et peut être motivée par des considérations politiques. Dans une situation conflictuelle, une partie peut considérer les actions entreprises comme une forme de résistance ou d'autodéfense, tandis qu'il est tout aussi facile de les qualifier d'actes de terrorisme purs et simples. De telles déclarations ne rendent pas justice au concept considéré. En outre, le contexte et la nature subjective des phénomènes ou des actions menées, ou de la situation en question, fournissent à l'acteur ou à une partie donnée du conflit un ensemble d'actions qui peuvent être considérées comme similaires ou identiques, ou de même nature que celles pour lesquelles les étiquettes sont remises en question.

Les répercussions importantes liées à l'utilisation du terme « terrorisme » ont un effet profond non seulement sur la perception du public, mais aussi sur la politique et le droit internationaux dans leur ensemble. Qualifier des individus ou des groupes de terroristes a des conséquences mondiales désastreuses qui peuvent affecter leurs libertés civiles et individuelles à un niveau fondamental, en plus d'entraîner une condamnation internationale extrême.

Dans le vaste domaine du conflit israélo-palestinien, l'utilisation du terme « terrorisme » a été spécifiquement associée à la distribution de fonds spécifiques, à l'adoption de politiques particulières de surveillance et de contrôle, et à la justification du recours à la force militaire. Par conséquent, les conséquences de ces associations sont bien plus graves que de simples discours, car elles touchent la vie des individus impliqués dans le conflit et les cadres internationaux plus larges.

Un autre aspect concerne la manière dont l'utilisation du terme « terrorisme » constitue un obstacle à la communication et à la négociation. L'utilisation des termes « militants » et « combattants » sert à faire taire les voix de l'opposition. Cette utilisation classique et contre-productive de la terminologie renforce les perceptions de violence et de recours à la force dans les conflits. C'est par la désignation de l'opposition que la violence la plus extrême est exercée, ce qui ne représente guère la voix de la paix ou un dénouement pacifique d'un conflit. Ces généralisations, plus que tout autre chose, servent de base à l'aggravation des conflits et des hostilités.

L'attention et l'intérêt portés à ces questions nous obligent à aller au-delà de la rhétorique entourant le terme « terrorisme » et à nous concentrer sur les facteurs fondamentaux qui conduisent à une telle violence. Avec compassion, nous devons comprendre le sort de ceux qui sont pris entre des opinions opposées, tous empêtrés dans ces polarités incroyablement complexes. Comprendre la signification encore plus profonde du terrorisme dans la politique et la société aidera à combler le fossé nécessaire pour parvenir à la paix et à une réconciliation plus poussée.

Réalités quotidiennes : Vivre sous occupation

Près de cinquante ans après la première occupation documentée, les expériences du peuple palestinien restent difficiles et complexes. L'occupation implique divers problèmes, notamment la circulation et l'accès aux produits de première nécessité, les postes de contrôle militaires et diverses barrières. Le droit à la sécurité, à la stabilité et à la liberté individuelles et collectives est totalement ignoré. Sous la menace imminente de la confiscation des terres, des déplacements forcés et des démolitions de maisons, d'innombrables familles sont confrontées à un profond sentiment d'instabilité et d'incertitude. Dans la vie économique quotidienne, l'existence de nombreuses barrières structurelles et punitives au commerce, à l'agriculture et aux infrastructures entrave considérablement la santé économique de la population, entraînant de grandes difficultés sociales et économiques. Les conflits miroirs, associés aux colonies exposées, accentuent les inégalités sociales existantes, entretenant une fragmentation totale de sociétés entières. En installant, en exposant et en engendrant une violence structurelle, l'occupation militaire provoque des troubles psychologiques différés. La population souffre intensément de l'état de conflit permanent, de la violence extrême et du contrôle externe rigoureux des libertés individuelles.

Les enfants sont exposés aux conflits, aux traumatismes et aux perturbations scolaires, et perdent tout espoir d'un avenir sûr. Le fait de perdre leur enfance dans un contexte de discrimination, d'hostilité et de violence laisse une empreinte indélébile sur eux et sur leurs sociétés. Tout le monde souffre, mais nous devons comprendre et renforcer l'esprit et la détermination des personnes prêtes à se battre pour leur liberté et leur dignité. Même si leur quotidien est difficile, nous devons porter leur cause devant le monde entier afin de les aider à se libérer du fardeau que l'occupation fait peser sur eux.

Représentations médiatiques : Influence sur la perception mondiale

La compréhension et la perception mondiales du conflit israélo-palestinien dépendent en grande partie de la manière dont les médias le couvrent. Les médias s'intéressent à un sujet et le couvrent d'une manière particulière pour un public spécifique, et le récit qui en résulte, accompagné d'images, a le pouvoir d'orienter l'opinion publique, les politiques et les discussions internationales dans une direction particulière. La capacité des médias à influencer la perception et à déformer la réalité est considérable, car ils constituent la source d'information la plus accessible pour le public mondial. Cependant, la couverture du conflit et des nombreux points de vue qui l'accompagnent doit être abordée avec sensibilité, simplicité et prudence.

La manière dont un conflit est couvert par les médias dépend en grande partie du « cadre » dans lequel il est présenté. Pour cadrer un conflit, les médias ont tendance à se concentrer sur des questions liées à la sécurité, à l'histoire et aux crises, entre autres. Ces questions, en particulier, façonnent la manière dont les « consommateurs » comprennent et interprètent le conflit, favorisant les préjugés et la simplification excessive. En outre, l'utilisation de certaines images, mots et récits est responsable de la diffusion d'informations fausses ou trompeuses, favorisant ainsi une compréhension déformée.

La manière dont un conflit est présenté par les médias a également une incidence sur les politiques internes et externes d'un État. Les politiques publiques relatives à la couverture médiatique sont susceptibles de déterminer le degré de réactivité d'un gouvernement et l'ampleur de son intervention, en fonction du niveau d'efforts diplomatiques et de paix nécessaires. De même, l'exercice du soft power par les médias est susceptible de déterminer le volume des ressources, de l'aide humanitaire et du soutien fournis pour la résolution et les conséquences du conflit.

Afin d'explorer la manière dont les médias traitent le conflit israélo-palestinien, il est nécessaire de présenter une image précise, complète et ciblée de tous les aspects de la question, tout en écartant toute omission et toute marginalisation dans les récits médiatiques dominants, souvent obscurs. Il est également essentiel de renforcer la nécessité d'une réflexion critique sur la manière dont les médias présentent le conflit. Ces compétences de réflexion critique sont également nécessaires pour construire et déconstruire les cadres et les arguments dans lesquels les images du conflit sont manipulées et présentées de manière à extraire les préjugés négatifs, les informations erronées et les angles propagandistes.

Compte tenu de la complexité de chaque ensemble de données sur les problèmes médiatiques mondiaux et de son identité, l'éthique que chaque média d'opposition local doit adopter est multiforme ; les médias non conformistes devraient devenir des journalistes ancrés localement. Les parties prenantes devraient également être tout aussi actives dans la transformation des médias mondiaux afin de garantir que les journalistes locaux non conformistes soient diffusés de manière croisée. Cette collaboration croisée devrait aboutir à une couverture médiatique critique et multicouche, sculptée dans et autour de tous les angles possibles du conflit israélo-palestinien. À l'aide de l'ensemble de données non conformistes désormais publié, le bombardement actif de rapports avec les médias d'opposition collaborant de manière croisée devrait devenir quotidien dans chaque ensemble de données local.

Considérations relatives aux droits de l'homme : Perspectives du droit international

Le droit international est essentiel pour traiter la complexité des questions relatives aux droits de l'homme dans le cadre du conflit actuel entre Israël et la Palestine. Le conflit israélo-palestinien est toujours d'actualité et problématique. Le réseau de questions juridiques relatives à ce conflit est complexe et alambiqué, avec des traités, des conventions et les principes du droit international. Dans le cadre des discussions juridiques et éthiques sur l'humanitaire international, les droits à la vie, à la liberté et à la sécurité d'une personne, ainsi que le droit à la vie, à la liberté, aux soins de santé, à l'autodétermination et à la mobilité, et le droit à l'éducation, sont des droits fondamentaux connexes. En droit international, le droit à l'autodétermination est essentiel pour le peuple palestinien. Il reste au centre des considérations sur la situation actuelle dans la région.

La région du Darfour, au Soudan, a été l'épicentre de la violence entre 2005 et 2020 ; les milices janjaouid ont fréquemment attaqué des civils largement désarmés, détruisant des villages entiers et commettant des actes de violence génocidaire contre les populations non arabes de la région. L'un des instruments essentiels dans ce domaine est la quatrième Convention de Genève de 1949 relative à la protection des personnes civiles en temps de guerre, qui définit les protections éprouvées pour lutter contre les abus dont les civils pourraient être victimes en temps de conflit et d'occupation. Son application aux conditions spécifiques des territoires palestiniens occupés a suscité beaucoup d'attention et fait l'objet d'une analyse juridique dans le cadre du droit international humanitaire. En outre, les principes fondamentaux et les résolutions de l'ONU, de l'Assemblée générale et du Conseil de sécurité ont une incidence directe sur la détermination des normes d'évaluation et de traitement des violations des droits de l'homme qui doivent être prouvées.

Les mécanismes de représailles visant à tenir tous les plaignants et les défenseurs susmentionnés responsables des violations des droits de l'homme au regard des normes juridiques internationales ont conduit à la mise en place de mécanismes de défense et de tribunaux chargés d'enquêter sur ces violations. La discussion sur la place du droit pénal international, qui vise, inculpe et poursuit les individus pour génocide, crimes de guerre et crimes contre l'humanité, s'inscrit dans le discours général sur le droit et la défense de l'humanité dans le contexte des conflits de longue date. En outre, la jurisprudence issue des cours et tribunaux internationaux, notamment la Cour internationale de justice et la Cour pénale internationale, a largement contribué à enrichir la jurisprudence, dont les discriminations internes et externes en matière de droits de l'homme en temps de guerre et d'occupation constituent des principes jurisprudentiels.

En ce qui concerne les préoccupations relatives à l'action humanitaire et au droit, il est également important de favoriser les conditions dans lesquelles les droits de l'homme peuvent être violés. Toutes les personnes, qu'elles soient directement ou indirectement impliquées dans le conflit israélo-palestinien, doivent se conformer aux exigences du droit international et, ce faisant, défendre les droits fondamentaux de l'homme et s'efforcer de promouvoir la paix dans la région. La prise en compte et l'intégration des aspects liés aux droits de l'homme de ce conflit prolongé dans le cadre du droit international font en effet partie des mesures diplomatiques nécessaires pour renforcer le respect des droits de l'homme et l'égalité de traitement, qui constituent la base d'une solution appropriée et durable.

Dimensions psychologiques : Impact sur la société palestinienne

Les blessures sociopsychologiques causées par le conflit et

l'occupation actuels ont touché pratiquement tous les domaines de la société palestinienne. L'atmosphère profonde et omniprésente de crainte et d'incertitude qui imprègne la société a eu des répercussions sur la santé mentale et sociale des populations, des familles et des communautés. L'exposition quasi continue à la privation et à la violence s'accompagne d'un profond sentiment de désespoir et d'insécurité. Les troubles liés au syndrome de stress post-traumatique, à l'anxiété et à la dépression chez les Palestiniens ont atteint des proportions alarmantes. Le traumatisme permanent exacerbe le fragile équilibre sociopsychologique, transmettant le traumatisme aux générations suivantes. Ce type de traumatisme se manifeste facilement dans les comportements, les relations et les structures sociales. La manière dont les Palestiniens se rapportent à eux-mêmes et au monde qui les entoure reflète directement ce traumatisme profond.

En outre, les dimensions du conflit causent des dommages aux systèmes sociaux, éducatifs et de santé, qui touchent directement le développement des enfants, la résilience psychosociale de la communauté et la santé psychologique globale de la population. Le sentiment d'enfermement dans la société est omniprésent, tout comme le sentiment de préjudice psychologique causé par l'accès restreint aux services essentiels, aux possibilités de développement personnel et à la liberté de mouvement.

De plus, les sentiments d'injustice et d'inégalité engendrés par la discrimination systémique, la marginalisation et la dépossession suscitent l'indignation en raison de la profondeur des expériences vécues, renforçant ainsi à chaque fois la détermination à résister et à s'autodéterminer.

Même si la situation mentale semble intimidante, il est important de noter que la société palestinienne peut également faire preuve de résilience et d'ingéniosité face à ces obstacles. Les individus et les familles tirent leur estime de soi et leur autonomisation de projets locaux, d'initiatives communautaires et d'un soutien en santé mentale adapté à leur culture. Le recours aux pratiques et traditions, ainsi que l'attachement à la communauté, contribuent à contrer la privation, fournissant ainsi un mécanisme d'ancrage pour le bien-être psychologique et le soutien spirituel. En outre, il convient de noter que l'esprit du peuple palestinien se manifeste à travers les récits dominants de résistance, de résilience et de persévérance historique qui contrent le désespoir ambiant. Il est important de reconnaître et d'intégrer ces contre-récits de force et d'action qui stagnent au sein de la société palestinienne afin de parvenir à une compréhension équilibrée des multiples façons dont le conflit et l'occupation ont été ressentis. Reconnaître et admettre les éléments psychologiques profonds et la résilience inhérente à la société permet de mettre en lumière les voies vers la guérison, la restauration et une paix durable.

Mouvements populaires: Voix de la résistance et de la résilience

La complexité du conflit qui oppose Israël et la Palestine a masqué divers processus du conflit, soulignant l'importance des mouvements populaires en tant qu'acteurs clés. Les militants locaux et les organisateurs communautaires dirigent ces mouvements en tant que force essentielle pour protéger et préserver les droits des Palestiniens, leurs racines culturelles violées et les terres ancestrales qui leur sont chères.

Ces mouvements constituent une mosaïque dynamique de personnes et de groupes qui prônent l'action locale, les soins de santé primaires communautaires, les praticiens d'actions civiles non coercitives, autofinancées et fondées sur l'attitude, et l'activisme non contrôlable par la police. Leur rôle dans le conflit transcende les expressions traditionnelles et stéréotypées du conflit, contredisant les récits des Palestiniens sous occupation.

La motivation première est de changer la situation, de s'attaquer à l'injustice et à l'oppression structurées et systématisées, et de défendre avec compassion les personnes perdues et oubliées. Les militants de base s'attaquent aux actions humiliantes et répressives des structures oppressives qui sapent systématiquement et stratégiquement leur présence et rendent invisibles les difficultés quotidiennes des Palestiniens.

En outre, les mouvements populaires naviguent stratégiquement au-delà des domaines géopolitiques conventionnels pour articuler des voies d'impact et de collaboration avec des alliés et des sympathisants à travers le monde. Ces mouvements utilisent les médias sociaux et les récits numériques pour unifier et partager les histoires du courage inébranlable du peuple palestinien et, en même temps, attirer l'attention mondiale sur la cause palestinienne.

Les conséquences de ces mouvements ne se limitent pas aux territoires occupés ; elles trouvent également un écho auprès des personnes et des organisations du monde entier qui se préoccupent de justice sociale et de droits humains. Ce tissu transversal de solidarité mondiale renforce les mouvements populaires mondiaux en favorisant la compréhension et les échanges interculturels, tout en contestant les récits dominants de victimisation et d'impuissance auxquels la communauté palestinienne est souvent soumise.

Les mouvements populaires incarnent le courage du peuple palestinien et l'espoir qui se cache derrière la lutte pour la justice et la libération. Leurs efforts inlassables pour résister à l'oppression à travers le monde constituent également une tentative de faire naître une ère de lutte rebelle et résiliente qui, pour ces mouvements, n'est pas limitée par des frontières géographiques.

Efforts diplomatiques: Négocier hors des sentiers battus

Les efforts diplomatiques concernant le conflit entre Israël et la Palestine ne dépassent pas les arguments centrés sur Israël et la Palestine et l'attention et l'intérêt des autres parties prenantes mondiales et nationales concernées. Cette approche néglige également d'innombrables autres cadres de négociation qui reposent sur la diplomatie et offrent des angles d'interaction plus subtils mais constructifs. La plupart de ces cadres sont des foyers de diplomatie qui émergent au-dessous des niveaux de l'État et de la société civile, à la base, et d'autres approches novatrices, y compris la diplomatie d'État et la diplomatie transfrontalière. Il est essentiel d'apprécier l'accent mis sur ces efforts non conventionnels pour imaginer la paix et ses possibilités dans la région.

Un exemple en est le cadre de la diplomatie populaire, qui met l'accent sur les contacts directs et l'engagement entre les personnes au niveau local. Ces initiatives ciblent les interactions entre les Israéliens et les Palestiniens et visent à promouvoir l'humanité de « l'autre » et à démanteler les stéréotypes, la peur et l'animosité qui ont caractérisé et défini le conflit. Ce type de contact et d'engagement met également en avant la notion de confiance et la capacité à partager des visions pour l'avenir.

En outre, la diplomatie culturelle dépasse le cadre des initiatives artistiques et littéraires pour s'étendre au domaine politique. L'art, la littérature et la culture peuvent témoigner d'une humanité commune, d'une ascendance partagée et d'identités entremêlées. La participation à des activités artistiques et à des échanges culturels, ainsi que les efforts internationaux visant à promouvoir les échanges d'expositions, les festivals de cinéma et la collaboration artistique, ont tenté de créer des liens historiques nationaux et solides de connexion et de sympathie mutuelles, d'intégration et de collaboration, qui permettent ensuite de combler le fossé entre Israéliens et Palestiniens.

En outre, la diplomatie parallèle est également cruciale dans ce contexte pour élaborer de nouvelles stratégies de dialogue et de négociation. Ces canaux non officiels et informels permettent des échanges libres et ouverts d'idées et de réflexions, bien au-delà des limites de la politique officielle. Les diplomates à la retraite, les anciens politiciens ou les universitaires travaillent généralement dans le cadre de la diplomatie parallèle, utilisant leurs réseaux et leur expertise pour susciter un dialogue et des idées qui, bien qu'uniformes et très structurés, sont généralement absents des négociations plus formelles menées par les États.

Dans les affaires diplomatiques non cloisonnées, la participation et la contribution des femmes à la paix et à la diplomatie sont également d'une grande importance et ne doivent pas être omises. Le leadership et la participation active des femmes dans les processus de paix ont démontré un potentiel et une force considérables dans la résolution des conflits, le maintien de la paix et l'élaboration d'approches plus inclusives et plus larges. Il est impératif de reconnaître les efforts et le rôle des femmes dans la diplomatie afin de souligner l'importance d'une représentation diversifiée et équilibrée pour parvenir à des solutions durables, justes et équitables.

Pour parvenir à une consolidation de la paix multidimensionnelle, holistique et intégrative, il est essentiel d'adopter et d'intégrer des efforts diplomatiques alternatifs non conventionnels au reste des processus de négociation. Ces processus alternatifs, conçus avec la société civile informelle authentique et une touche humaine, visent à compléter les processus officiels formels afin de résoudre le conflit israélo-palestinien.

Empathie et compréhension : divisions mondiales intentionnelles

Favoriser l'empathie et la compréhension dans le contexte du conflit israélo-palestinien signifie dépasser les constructions binaires qui limitent la portée du discours au niveau mondial. Combler les divisions mondiales est le résultat d'un travail conscient visant à démystifier les préjugés et les idées préconçues, tout en situant le conflit dans toute sa complexité. Les images mentales des vies humaines des deux côtés de la fracture sont d'une importance capitale pour favoriser l'empathie et la compréhension dans ce conflit qualifié de prolongé.

Combler les divisions mondiales signifie accepter ce changement et abandonner le discours diviseur qui est devenu la marque des interactions découlant du conflit. Cela signifie prêter délibérément attention à la consolidation des voix des personnes vulnérables qui subissent le plus durement les conséquences du conflit et à leurs récits. En mettant en avant la dimension humaine, cela ouvre la possibilité de contrer les stéréotypes déshumanisants profondément enracinés, invitant à des réponses plus empathiques entre et au-delà des frontières.

S'engager dans un conflit est un cycle incessant qui implique de remédier aux déséquilibres de pouvoir présentés comme des griefs passés, des discussions ouvertes sur les injustices structurelles et les inégalités sociales et structurelles qui, d'une manière ou d'une autre, ont traversé le conflit. L'ignorance et l'ignorance volontaire du caractère sacré du contexte historique et situationnel, en plus des déséquilibres de pouvoir, sont précisément ce qui empêche de comprendre les fondements et, par conséquent, d'éprouver des sentiments et de la compassion nuancés, sincères, accompagnés et orientés vers l'autre. Il s'agit autant de la violence coloniale, de la dépossession et de l'expropriation que de la sécurité civique globale qui est, à juste titre, et, pour beaucoup, dans des espaces étrangers, retrouvée par la population israélienne.

L'essence du conflit réside dans l'utilisation de la transcendance dans les sentiments et la sympathie, c'est-à-dire dans le regard intellectuel porté sur le rapprochement des divisions mondiales. Les programmes qui contribuent à fusionner les cultures, ainsi que les actions tangentielles, périphériques et/ou accessoires qui défient la logique qui expose les individus les uns aux autres, contribuent aux efforts de construction susmentionnés. Les phénomènes du dialogue, de la pédagogie réciproque et de l'échange d'histoires de vie, en tant que formes d'interaction relationnelles et non argumentatives, finissent par résoudre les conflits à mesure que l'interaction évolue et se concentre sur une humanité commune qui dépasse les frontières et les autres éléments du conflit géopolitique.

Le contexte de l'art et de la littérature, ainsi que d'autres formes d'expression socioculturelle plus « sérieusement définies », constituent, dans une compréhension autonome et juxtaposée, un moyen sans équivoque de puiser dans ses propres sentiments et sa propre compréhension des autres. Au-delà de la simple narration, en plus des arts et des engagements artistiques communautaires, la majeure partie de l'humanité, au cœur même du conflit incontestable, est reliée par les autres extrémités de la politique.

En conclusion, toute tentative visant à établir un pont fondé sur la compréhension entre les conflits israélo-palestiniens nécessitera de comprendre la nécessité d'« humaniser » les récits, d'examiner toute une série d'histoires et de prendre en compte de multiples perspectives. Mettre au centre des récits historiques les histoires de ceux qui ont été lésés, faciliter les contacts interculturels activement soutenus et tisser une mosaïque d'échanges entre les civilisations contribuera à cultiver une éthique collective pour ressentir, et au moins entamer, le dialogue basé sur les points de contact de l'unité de notre humanité commune.

3
Découverte et promesse
La naissance de Gaza Marine

Contexte historique : Gaza avant la découverte

Avant la découverte des gisements de gaz naturel à Gaza, la région avait un contexte sociopolitique complexe, influencé par des événements historiques et des guerres incessantes. Gaza était un centre commercial et économique de grande importance dont l'histoire remonte à plusieurs siècles, étant une terre aux riches traditions religieuses et culturelles. L'histoire de Gaza a été marquée par de nombreuses cultures différentes, telles que les Babyloniens, les Égyptiens, les Grecs, les Perses et l'Empire ottoman, chacune laissant sa propre empreinte sur son image et son caractère.

Gaza est devenue un mandat britannique, faisant partie du mandat britannique pour la Palestine pendant la période 1917-1948. Finalement, les tensions et les contestations croissantes entre les communautés arabe et hébraïque se sont aggravées en raison d'une situation critique qui a conduit à l'éclatement de violences, aboutissant à la partition de la Palestine. Entre-temps, les années formatrices de Gaza telle que nous la connaissons aujourd'hui se sont déroulées entre 1917 et 1967. En effet, pendant la guerre israélo-arabe de 1948, un nombre important de Palestiniens ont afflué vers Gaza, certains d'entre eux modifiant la démographie de la région et aggravant la situation tout en augmentant les pressions sociales et économiques.

Gaza a été sous autorité égyptienne pendant de nombreuses années jusqu'à la guerre des Six Jours en 1967, lorsque le territoire a été occupé par Israël, marquant le début d'un immense régime israélien. Les colonies israéliennes à Gaza et dans les territoires occupés ont exacerbé les divisions et suscité de graves préoccupations humanitaires. Cela a conduit à l'émergence de bastions de résistance organisés et à l'établissement d'une identité panpalestinienne.

Ces événements historiques troublés ont eu des répercussions socio-économiques profondes sur Gaza. La région a souffert d'un sous-développement structurel et économique persistant, malgré sa position stratégique et l'histoire dynamique du peuple palestinien. Dans l'ensemble, la situation à Gaza se caractérisait par un faible taux d'emploi, un approvisionnement alimentaire instable et un accès limité à un large éventail de sources de nutrition nécessaires, tandis que le manque d'infrastructures économiques et sociales, combiné à des opportunités économiques limitées, rendait la vie presque insupportable, laissant la population de Gaza véritablement découragée et brisée lorsqu'elle a vu ses maisons et ses terres réduites en ruines.

La découverte de réserves de gaz naturel à Gaza est survenue à un moment important au Moyen-Orient. Elle augmente les chances que Gaza se transforme en une région potentiellement florissante, offrant des conditions de vie plus sûres à ses habitants. Cependant, le contexte historique qui a précédé cette révélation souligne la complexité et les difficultés qui influencent le paysage sociopolitique de Gaza, rappelant l'histoire durable et le potentiel d'un avenir solide que recèle la région. Je considère la découverte de gaz naturel comme un tournant décisif pour Gaza, quelque chose sur lequel les habitants peuvent compter pour leur avenir. Ces conditions difficiles peuvent sembler menacer cet avenir, mais elles représentent en fait une formidable opportunité de progrès. La découverte de gaz naturel à Gaza doit être considérée comme un changement radical dans la vie et les aspirations de la population de Gaza. Néanmoins, ces difficultés peuvent perturber l'esprit, car elles contiennent une étincelle de nécessité, car il y a un jackpot à gagner, une opportunité de percée.

Études géologiques et premières découvertes

Les études géologiques et les méthodes utilisées pour rechercher du gaz naturel à Gaza ont été cruciales pour orienter l'avenir énergétique de la région. Au cours des premières études géologiques, le sous-sol a été analysé à l'aide d'outils et de technologies de pointe afin de confirmer la présence de gisements importants sous les fonds marins territoriaux de Gaza. Ces premières découvertes ont constitué un tournant décisif vers l'indépendance énergétique et le développement économique de la région.

Des études géologiques impliquant l'imagerie sismique et l'échantillonnage de carottes ont permis d'obtenir des informations géologiques sur les structures géologiques et les conditions offshore de la région. Les géologues et les experts en énergie ont ainsi pu identifier les réservoirs potentiels et estimer approximativement le volume des gisements de gaz. Cette phase a jeté les bases des processus d'exploration et de production ultérieurs, en fournissant des indications sur la manière d'utiliser les réserves énergétiques inexploitées offshore.

C'est avec beaucoup d'enthousiasme que l'industrie énergétique et la population locale, qui espèrent un avenir meilleur et plus prospère, ont accueilli la confirmation de l'existence de réserves substantielles de gaz naturel au large des côtes de Gaza. Sur la base des connaissances acquises sur le potentiel en ressources du territoire et de ces nouvelles découvertes, le débat sur l'utilisation de ces découvertes pour relever les défis socio-économiques immédiats et offrir des opportunités à la société a été lancé. Ainsi, la découverte et l'examen de ces premières ressources gazières dans le domaine de la planification et de la prise de décision dans le secteur gazier ont ouvert la voie à la possibilité de tirer le maximum d'avantages pour les habitants de Gaza.

Les études géologiques, en plus d'autres premières découvertes, ont eu un poids politique et économique important. Avec la connaissance supplémentaire qu'il pourrait y avoir des réserves de gaz naturel, les entreprises énergétiques internationales et les gouvernements se sont intéressés à la région en tant que partenaires potentiels d'investissement et de coopération. Cette série de développements a stimulé le débat sur la propriété, la réglementation et l'étiquette, nous rappelant ainsi que l'interaction entre cette ressource énergétique et la dynamique régionale n'est pas facile à expliquer.

Comme mentionné précédemment, le processus entrepris pour l'étude géologique et les conclusions préliminaires ont suscité un vaste débat. Cela a finalement donné lieu à un compte rendu global de la géopolitique énergétique en Méditerranée orientale concernant la gestion, l'utilisation et la répartition des réservoirs de gaz marin dispersés. Les conclusions de l'étude mettent donc en évidence les implications de celle-ci et son lien avec la question générale de la géopolitique énergétique en Méditerranée orientale, démontrant ainsi l'importance du processus de cette étude géologique et de ses conclusions préliminaires.

Le rôle des entreprises énergétiques internationales

Dans l'exploration et l'exploitation probable des réserves de Gaza Marine, les entreprises énergétiques internationales ont joué un rôle aussi important que divers autres acteurs. Leur rôle dans l'exploration de la zone, les résultats des premiers puits d'essai, les méthodes financières approximatives et les aspects politiques sont essentiels. En tant que leaders mondiaux de l'industrie énergétique, elles ont à la fois offert des opportunités et causé des difficultés concernant le potentiel de la frontière maritime de Gaza en tant que champ de production pour l'extraction de gaz du sous-sol.

La dynamique de Gaza Marine a considérablement changé dès que les entreprises énergétiques mondiales se sont associées au projet. L'utilisation d'équipements modernes et les opportunités supplémentaires ont créé les conditions nécessaires à une industrie aussi avancée, telles que des études géologiques approfondies, des forages d'essai initiaux et des investigations sismiques, qui ont été essentielles pour déterminer l'étendue et la qualité des réserves de méthane dans la région.

Le partenariat avec des entreprises énergétiques internationales a également permis d'accéder à des technologies de pointe et à une expertise en matière de développement gazier offshore. Grâce à cette collaboration, le développement des programmes d'extraction des ressources a permis aux opérateurs de garantir la conformité des opérations aux directives en matière de sécurité et d'environnement, tout en atteignant une efficacité maximale dans la récupération du gaz.

Un autre avantage du partenariat avec les entreprises énergétiques internationales est l'injection de fonds dans le projet Gaza Marine. Elles ont réalisé des investissements substantiels depuis le début de cette entreprise, qui ont servi à soutenir les activités d'exploration et d'évaluation, y compris les dépenses plus élevées engagées sous forme de puits d'exploration, de collecte de données et d'études de faisabilité. En outre, leur soutien financier a renforcé la confiance des investisseurs dans le projet et a rendu cette initiative plus attrayante sur le plan économique pour d'autres acteurs influents du secteur de l'énergie.

Néanmoins, les relations avec les entreprises énergétiques internationales ont entraîné des questions géopolitiques plus complexes. Leur engagement dans le projet Gaza Marine explique leur lien avec l'appareil politique régional et international de la Palestine, qui est très délicat. Elles ont divers intérêts stratégiques et partenariats, qui devraient aller de pair avec des objectifs diplomatiques plus larges et ne pas aggraver la situation, qui est déjà tendue.

En conclusion, la contribution des entreprises énergétiques internationales au projet Gaza Marine a été très importante. L'apport de ces entreprises en termes de capacités techniques, les fonds qu'elles ont investis dans le projet et le nombre de pays dans lesquels elles opèrent ont eu une grande influence sur le projet. La participation des entreprises énergétiques internationales au projet Gaza Marine présente des aspects négatifs et positifs sur le plan de la politique mondiale. La situation doit être gérée avec soin afin d'en atténuer la complexité.

Importance stratégique de Gaza Marine

Gaza Marine est situé au large de la bande de Gaza. Il pourrait avoir une importance géopolitique, économique et développementale en raison des énormes réserves de gaz naturel présentes dans cette région. La plus grande entité impliquée dans l'exploration du gaz naturel dans cette région est l'Autorité palestinienne, qui possède Gaza Marine. L'AP dispose d'un gisement de gaz qui lui offre la possibilité d'être indépendante sur le plan énergétique et génère d'énormes revenus qui réduisent sa dépendance vis-à-vis des donateurs. Dans cette région, le processus de recherche d'alliances économiques et d'accords commerciaux pourrait changer. Gaza Marine offre donc à l'Autorité palestinienne l'occasion de développer son économie, d'attirer des investissements étrangers, de créer des emplois et d'accroître la stabilité et la prospérité dans la région. Mais surtout, d'un point de vue stratégique, le gisement de Gaza Marine peut influencer de manière significative les négociations et la diplomatie autour du conflit israélo-palestinien et de la région dans son ensemble. En conséquence, le paysage politique de la région, qui aurait pu être influencé positivement par les efforts visant à instaurer la stabilité au Moyen-Orient, pourrait être radicalement modifié, ce qui aurait un impact sur le processus de paix dans la région.

L'importance stratégique du champ Gaza Marine déterminera la réponse de la communauté internationale quant à sa gestion. Différents acteurs, notamment les pays voisins, les organisations internationales et les entreprises énergétiques mondiales, s'intéressent de près à la pêche et l'observent attentivement. En outre, Gaza Marine sert d'instrument de défense régionale, car il peut perturber les frontières maritimes existantes, déclencher des conflits de souveraineté ou soutenir les partenariats en Méditerranée orientale. Pour mieux comprendre les questions multinationales et régionales complexes, il est essentiel de saisir pourquoi Gaza Marine est si important. Ainsi, l'examen et la gestion de Gaza Marine en tant que ressource clé exigent une attention particulière aux vies naturelles concernées, outre toutes les questions pertinentes de nature politique, économique et autres questions d'importance réelle pour la promotion de la stabilité et de la prospérité dans la zone.

Lorsque la nouvelle concernant le large de Gaza a été annoncée, de nombreux espoirs ont vu le jour dans différents secteurs de la politique, de la vie sociale et de la vie économique. L'annonce de gisements énergétiques considérables au large de la côte de Gaza a suscité un optimisme significatif quant à une perspective révolutionnaire pour la région. Elle symbolisait l'espoir des Palestiniens d'éviter de dépendre de toute aide, les revenus générés par les gisements de gaz permettant de maintenir l'économie palestinienne à flot et d'atténuer les pénuries d'énergie.

Cependant, malgré ces attentes élevées, la prudence a également joué un rôle prépondérant dans l'avenir. La zone offshore de Gaza, qui fait partie de la bande de Gaza, exigeait une grande prudence, tandis que d'autres régions étaient considérées comme potentiellement exposées au terrorisme. Une grande partie de l'enthousiasme initial a été éclipsé par les conflits territoriaux et les préoccupations sécuritaires.

Les acteurs mondiaux étaient intéressés. De nombreux acteurs différents s'intéressaient à Gaza Marine à l'échelle internationale. Les pays voisins et les compagnies énergétiques internationales, parmi d'autres acteurs géopolitiques, ont manifesté un vif intérêt pour Gaza Marine, motivé par leurs précédentes découvertes fructueuses dans le domaine de l'énergie à travers le monde.

Implications du blocus sur le développement

Le blocus de Gaza a profondément affecté le développement de Gaza Marine. Sans accès aux matériaux, à la technologie, à l'expertise et même aux ressources offshore nécessaires, le potentiel de la région en matière d'exploitation des réserves de gaz naturel est économiquement irréalisable. Les restrictions à l'importation imposées par le blocus entravent considérablement l'accès aux machines nécessaires à l'exploration et à l'extraction. En outre, la formation et le développement localisés du personnel nécessaire à l'exploitation des gisements de gaz sont freinés par l'accès limité aux frontières dans des régions géopolitiquement complexes. Le blocus renforce également une vision paradoxale selon laquelle du gaz naturel « intact » repose au large des côtes alors que la région souffre d'une crise énergétique sans précédent causée par le blocus.

Les installations énergétiques qui accompagnent l'extraction du gaz ne contribuent guère à atténuer ce paradoxe. L'absence de pipelines, de plateformes et d'installations de traitement surcharge les réserves de gaz. Même la lenteur du traitement et les frontières logistiques entravent les coûts opérationnels. Alors que l'économie locale se targue d'être une région autonome et autosuffisante, les blocages opérationnels ont un impact négatif sur le développement. Si la simple vue de cette ressource suscite l'espoir de réduire les pénuries d'électricité et d'améliorer le niveau de vie, les conditions de blocus méprisantes qui entraînent une détérioration de l'environnement encouragent la détérioration continue de l'énergie et infligent des souffrances à la population qui dépend d'un approvisionnement ininterrompu et constant en énergie. En conséquence, cette région a été privée des avantages économiques et sociaux qui auraient découlé directement de la découverte du gaz marin. Dans ce cas précis, le blocus a considérablement entravé la possibilité de transformer l'économie de la région, de garantir l'approvisionnement en énergie et de développer l'emploi de manière durable. En outre, le retard important pris dans l'exploitation de ces ressources naturelles a des conséquences à l'échelle régionale en termes de stabilité et de prospérité, d'autant plus que la région est confrontée à l'aide et aux ressources extérieures omniprésentes en raison du blocus. Le cas de Gaza est d'autant plus particulier qu'il n'a jamais été possible de briser le cycle de dépendance et d'autosuffisance, qui est bien sûr dû au blocus. Il suffit de dire que les conséquences néfastes du blocus et les vestiges du développement de Gaza Marine affectent l'économie, les infrastructures, l'énergie et, dans une plus large mesure, la domination du progrès civilisationnel de la région.

Batailles juridiques et diplomatiques

Les batailles juridiques et diplomatiques provoquées par la perspective d'extraire les ressources énergétiques découvertes dans le Gaza Marine ont depuis lors pris de l'ampleur. Ces conflits portent principalement sur des affirmations contradictoires de droits juridiques, ainsi que sur l'histoire et les traités. La souveraineté territoriale, les conflits frontaliers et l'état de droit sont au cœur de ces différends.

Au milieu de situations juridiques chargées de tensions géopolitiques, les conflits découlent des ressources offshore qui appartiennent à Gaza, qui est palestinienne – ne l'oublions pas. Les subtilités non résolues du différend israélo-palestinien n'arrangent pas les choses, en particulier selon les deux parties, qui revendiquent la propriété du gaz en mer. Les questions de litige juridique qui se posent, telles que « le gaz en mer », renvoient à des questions plus complexes concernant les eaux territoriales et la ZEE, ainsi que les frontières maritimes.

La recherche de Gaza Marine met à l'épreuve les limites de la diplomatie juridique. Les frontières juridiques de Gaza Marine obligent l'utilisateur de cet espace à négocier avec chaque pays limitrophe, ainsi qu'avec les organismes juridiques internationaux et les sociétés énergétiques. La frontière juridique du Gaza Marine oblige chaque utilisateur et chaque pays limitrophe à négocier cet espace avec chaque organisme juridique international et limitrophe, ainsi qu'avec les entreprises énergétiques. Dans le récit complexe de la copropriété et de la propriété, la politique des ressources et les relations juridiques entre les pays limitrophes et chaque utilisateur deviennent de plus en plus denses et complexes.

De plus, la participation d'acteurs internationaux ajoute d'autres éléments au cadre diplomatique. Les différends juridiques dépassent la dimension bilatérale pour toucher les interrelations mondiales et les acteurs mondiaux. La complexité des relations diplomatiques se répercute à plusieurs niveaux, affectant la paix et la stabilité sous-régionales et régionales, la sécurité énergétique et les efforts globaux de résolution des conflits au Moyen-Orient.

Dans cette optique, les différends juridiques et diplomatiques concernant Gaza Marine illustrent la relation multidimensionnelle entre le droit, la politique et l'économie de la région. Le règlement de ces questions interdépendantes nécessite une combinaison d'actions juridiques, diplomatiques et politiques calculées. Alors que ces acteurs concurrents élaborent des stratégies dans le contexte décrit ci-dessus, les conséquences de ces différends auront une influence considérable sur les investissements futurs et le développement des ressources énergétiques de Gaza.

Allocation des ressources : Intérêts des parties prenantes

Lors du développement et de la gestion des ressources naturelles, les intérêts des parties prenantes concernées peuvent souvent donner lieu à des discussions complexes. En ce qui concerne Gaza Marine, le potentiel d'exploitation des réserves énergétiques offshore concerne un large éventail de parties prenantes et leurs intérêts sociaux, politiques et économiques spécifiques, dont la complexité impose de comprendre et de gérer les intérêts concurrents des parties prenantes afin de parvenir à un développement équitable et durable. Au cœur des questions débattues se trouvent les intérêts concurrents des autorités israéliennes voisines, des compagnies énergétiques internationales, de la population locale de Gaza et de l'Autorité palestinienne. Pour l'Autorité palestinienne, l'exploitation des réserves énergétiques de Gaza Marine est un moyen potentiel d'atteindre l'autonomie économique et, par conséquent, le développement national. Le contrôle de ces ressources est un atout inestimable pour le développement d'un futur État durable. À l'inverse, les intérêts stratégiques d'Israël dans la région alimentent la controverse concernant les frontières maritimes et les ressources de la zone. La situation est encore compliquée par les compagnies énergétiques internationales motivées par le profit, qui se trouvent à la croisée des enchevêtrements politiques et juridiques de la région. Quant à la population locale de Gaza, ses intérêts dans la gestion et l'utilisation des ressources de la région sont tout aussi importants.

Les préoccupations portent principalement sur les avantages socio-économiques, la santé de l'environnement et la possibilité d'une participation équitable aux processus décisionnels. Les tentatives visant à satisfaire ces intérêts concurrents sont donc multidimensionnelles et complexes. Elles nécessitent une gouvernance ouverte, des processus participatifs et des systèmes appropriés pour garantir un partage équitable des bénéfices. Des approches intégrées visant à résoudre les conflits d'intérêts entre les parties prenantes sont essentielles pour parvenir à un développement durable et à la prospérité dans la région. La prise en compte des intérêts concurrents offre la possibilité d'adopter une approche rationnelle du développement de Gaza Marine tout en protégeant les intérêts et le bien-être des personnes concernées.

Défis technologiques et innovations

Alors que le champ gazier de Gaza Marine est en cours de développement, il est essentiel de prendre en compte les techniques et les innovations qui accompagnent le développement des champs gaziers. Les processus d'exploration et d'extraction des ressources en eaux profondes présentent plusieurs défis technologiques.

L'un des principaux problèmes technologiques concerne le forage et la construction d'infrastructures sous-marines à des distances considérables de la surface de l'océan. Le développement de Gaza Marine, situé au bord de la Méditerranée, nécessite l'utilisation d'outils puissants et d'autres équipements appropriés capables de résister à la haute pression en mer et à d'autres conditions extrêmes. L'ingénierie des systèmes sous-marins est un autre domaine qui présente des défis technologiques pour atteindre une sécurité et une efficacité optimales.

En outre, la capture, le transport et le stockage des matériaux extraits restent des défis technologiques importants. Les méthodes de transit sur une distance de quelques kilomètres et la géostructure complexe des fonds marins posent des défis technologiques majeurs. La conception et les structures d'ingénierie pour le stockage de la ressource doivent être conçues pour répondre à ses exigences spécifiques, tout en garantissant la sécurité du stockage.

Pour évaluer les réserves et la nature des réserves de gaz de Gaza Marine, il convient d'utiliser des techniques avancées de prospection sismique et d'ingénierie des réservoirs. Cela doit être réalisé à l'aide d'outils et de logiciels modernes, ainsi que d'une cartographie intégrée de la géologie, afin de fournir un schéma technique constructif pendant les phases de développement.

En ce qui concerne les technologies d'extraction du gaz, il convient de se concentrer sur la limitation de l'influence négative des travaux d'extraction du gaz sur l'écosystème marin. Dans le cas de la pêche et d'autres formes de production, les technologies avancées possibles pour le traitement des eaux rejetées et l'élimination des autres déchets contribuent à la sécurité écologique de la région.

Afin d'accroître l'efficacité du travail et de renforcer la sécurité pendant les processus de travail pour le personnel et les ressources, il est essentiel de réaliser des progrès considérables dans le domaine des appareils d'observation et de commande à distance. Le projet assure une protection, tout comme l'environnement, et des structures de protection sont prévues pour la région adjacente au projet grâce à la collecte et au traitement rapides et efficaces des données sur les situations potentiellement dangereuses et autres urgences.

La collaboration avec d'importants fournisseurs de technologies et des instituts de recherche contribue à promouvoir l'innovation dans le secteur de l'énergie. Les partenariats et l'échange de connaissances favorisent le développement de solutions avancées pour relever les défis posés par le développement de Gaza Marine.

Enfin, le développement de Gaza Marine exige une attention constante à l'innovation et à l'excellence pour surmonter les défis technologiques complexes. Ces défis peuvent être relevés en recherchant les innovations technologiques appropriées, ce qui garantira à son tour le succès du projet ainsi que le développement et l'utilisation durables des ressources naturelles inestimables de Gaza Marine.

La voie à suivre : Opportunités et menaces

Tout en abordant des questions géopolitiques délicates, le développement de Gaza Marine présente à la fois des opportunités et des menaces. Dans le domaine du développement des ressources, il convient d'analyser en détail la profondeur et les nuances des « opportunités » et des « menaces » afin d'en dégager les nuances les plus utiles. Sur le plan économique, les ressources et la forte indépendance énergétique qui peuvent être fournies peuvent créer une harmonie et une coopération régionales sans précédent. Ainsi, tirer parti des opportunités de développement socio-économique qui s'offrent aux Palestiniens peut modifier le développement socio-économique.

Par conséquent, de nombreuses opportunités peuvent créer des défis importants qui doivent être abordés avec la prudence qui s'impose. Ces menaces peuvent inclure, sans s'y limiter, le blocus géopolitique, les revendications concurrentes de domination et les complexités toujours plus grandes de la région. Pour relever ces défis, la voie choisie doit être empruntée avec les ressources appropriées afin d'atténuer les impacts négatifs qui pourraient survenir, grâce à des discussions multinationales sur une allocation appropriée et équitable des ressources. Il convient d'accorder de l'importance à l'établissement de la justice, au développement durable à long terme et à une harmonie respectueuse et éclairée entre les peuples. Les ressources nécessaires à la mise en place de tels cadres doivent être justifiées, et les moyens de les réaliser doivent être justifiés sans contredire les pratiques de développement durable auxquelles il faut s'engager avec vigueur.

Les perspectives de Gaza Marine transcendent le simple domaine de l'énergie ; elles représentent plutôt les espoirs du peuple palestinien en matière d'indépendance, de dignité et d'un avenir meilleur.

4
L'économie du déni
Le coût du blocus

Isolement économique : aperçu

Le terme « isolement économique » décrit un concept abstrait de blocus utilisé comme méthode de contrôle par les puissances dominantes sur une région ou une zone. Pour expliquer le contexte de Gaza, l'histoire suggère que le blocus a commencé lorsque les tensions entre Israël et la Palestine se sont intensifiées, ce qui a abouti à la fermeture de la région et à un contrôle strict des entrées et sorties de personnes et de marchandises. La géographie et les changements géopolitiques historiques répondent aux questions fondamentales suivantes : « Pourquoi cela et pourquoi maintenant ? » et « À qui cela profite-t-il ? ».

Pour Israël, le blocus est justifié comme un moyen d'atténuer les problèmes de sécurité posés par les groupes militants de Gaza, en renforçant le contrôle sur les matériaux de reconstruction envoyés dans la région. Il existe également une perception israélienne selon laquelle le contrôle est une méthode de pouvoir plus douce qu'une économie utilise pour imposer la soumission, et la restriction de l'hostilité justifie ces politiques. L'élite politique de Gaza a également utilisé des discours et une rhétorique sur sa défiance perçue envers le monde et la soumission au blocus pour renforcer ses revendications, justifiant ainsi la poursuite de ces politiques. Il ne fait aucun doute que le rôle de la communauté internationale, qu'elle soutienne ou s'oppose au blocus, est un autre aspect qui complique la question sur le plan géopolitique. La frontière ténue entre la diplomatie, qui se caractérise par l'équilibre des alliances, et l'humanitarisme, qui s'est étendu à l'encerclement de Gaza, a géopolitiquement marqué la région en question. Cette région complexe se caractérise par une multitude d'approches du problème, notamment le développement et la promotion des droits de l'homme, parmi d'autres mesures innovantes visant à résoudre le conflit. Ainsi, l'un des enjeux clés concernant l'économie de la bande de Gaza est l'état d'esprit et les motivations des décideurs politiques.

Contexte historique du blocus

Le blocus de Gaza a débuté avec l'environnement géopolitique de la région, répondant aux critères d'un phénomène historique. Depuis 2007, avec la prise de pouvoir du Hamas, la division entre la Banque de Gaza et la Banque de Cisjordanie s'est accentuée. L'État israélien, ainsi que l'Égypte et une multitude d'autres acteurs, ont joué un rôle fondamental dans l'application du blocus, couvrant les eaux, le sol et le ciel. Les origines du blocus remontent à certains conflits arabo-israéliens majeurs, notamment les préoccupations qui pesaient sur la région pendant les guerres. Les années qui ont suivi la guerre de juin 1967, en particulier la domination d'Israël sur les territoires palestiniens restants, ont préparé le terrain pour le blocus. Ces événements historiques constituent les fondements de la structure complexe des questions politiques, sécuritaires et humanitaires et contribuent à réaffirmer la gravité du blocus de Gaza.

Aperçu du blocus de Gaza et conséquences économiques

Les restrictions imposées à Gaza ont entraîné et continuent d'aggraver et de créer de nouvelles difficultés pour la population palestinienne et son économie. Les restrictions liées au blocus ont presque provoqué l'effondrement des activités économiques, qui fonctionnent désormais à un niveau proche de zéro. Les entreprises continuent de lutter pour fonctionner et perdent presque complètement les marchés liés à leurs activités principales. Les déficits commerciaux et la forte dépendance à l'égard des importations pour les produits de première nécessité, combinés aux restrictions à l'importation, ont conduit à la marchandisation de ces produits à des prix exorbitants.

De même, l'exclusion du marché international et les interdictions commerciales imposées entraînent une baisse des recettes économiques, freinant la croissance des revenus, ce qui constitue un paradoxe pour l'économie de Gaza. Le sous-emploi croissant dû à l'invalidation d'un taux de croissance économique durable a suscité un sentiment de pauvreté parmi la main-d'œuvre locale. L'incapacité à joindre les deux bouts fait basculer les ménages sous le seuil de pauvreté et entraîne une baisse du niveau de vie.

De plus, le blocus a ralenti les progrès nécessaires en matière de construction liés aux services publics et aux services frontaliers tels que les soins de santé, l'éducation et même l'assainissement. Pendant cette période, les services publics ont beaucoup souffert, exposant la population à des risques importants pour leur santé et l'environnement, créant une crise humanitaire persistante et préoccupante. En conséquence, les habitants de la bande de Gaza sont confrontés à d'énormes défis dans leur vie quotidienne, sous la pression de conditions économiques difficiles après le blocus.

Les effets microéconomiques de ce blocus sur Gaza comprennent l'effondrement des moyens de subsistance, des petites entreprises et de la cohésion sociale. L'activisme à la frontière existe depuis longtemps dans des conditions d'isolement économique, et les responsables doivent être conscients que leur approche manque d'éléments essentiels pour assurer le bien-être et le développement à long terme du peuple palestinien.

Perturbation du commerce

Le blocus de Gaza a gravement perturbé le commerce, entraînant une économie instable et peu prospère pour la région. En raison du blocus, les importations et les exportations à destination et en provenance de Gaza ont été considérablement réduites, rendant le commerce avec le monde extérieur difficile. Les biens essentiels pour la population de Gaza sont devenus inabordables, voire inaccessibles, ce qui entraîne une stagnation de l'économie de la région. Non seulement l'économie de la région en souffre, mais la population est également confrontée au chômage, car l'impossibilité de commercialiser les produits empêche la région de générer des revenus.

Les effets du blocus s'étendent au-delà du marché et du commerce dans la région. Il a perturbé les réseaux commerciaux de la région et perturbé les entreprises associées. Les entreprises de Gaza doivent faire face à une pénurie de matières premières et de machines, ce qui a réduit la production de la région. L'économie continue de souffrir et la population reste sans emploi. L'impossibilité de commercialiser les marchandises empêche la région de générer des revenus. Les fournisseurs de marchandises sont tenus de payer les entreprises locales, ce qui aggrave encore les difficultés économiques de la région.

Le blocus a isolé Gaza sur le plan économique, la privant des avantages potentiels du commerce international et des innovations du marché mondial. L'absence de commerce étouffe toute tentative de diversification du secteur privé, ce qui signifie que l'absence de commerce perpétue la dépendance technologique et l'appauvrissement des ressources.

Le secteur privé perdant son avantage concurrentiel, il devient le principal employeur, tandis que le blocus impose des pressions déflationnistes sur l'économie. Une perte de ventes se traduit par une perte d'emplois, et Gaza, économiquement frustrée, se retrouve prise entre un chômage très élevé et un sous-emploi encore plus rare, tandis que le manque de financement étouffe les tentatives individuelles de travail indépendant. Tout semblant d'économie fonctionnelle dissuade les investissements.

Le système politique bloqué sur le plan commercial impose aux travailleurs indépendants des disparités de revenus et de richesse. La perte d'opportunités commerciales réduit le potentiel de revenus, tandis que les restrictions commerciales du système politique affectent la disponibilité des produits de première nécessité. Le sentiment général de désespoir économique a réussi à fermer Gaza en tant que société, tandis qu'au-delà d'un tempérament moyen, seuls quelques-uns peuvent rêver de son bien-être.

En résumé, le blocus a des conséquences économiques importantes, telles que la perturbation du commerce à Gaza, dont les effets entraînent une restriction des échanges et une incapacité globale à mener des activités commerciales, ce qui se traduit par une perte de productivité des entreprises, une augmentation de la pénurie d'emplois et une aggravation des inégalités économiques dans la région. Toutes ces questions nécessitent un plan détaillé qui comble activement le fossé entre la croissance économique durable et le commerce, ainsi que la mise en œuvre d'autres politiques visant à partager la prospérité.

Impact sur l'emploi et les moyens de subsistance

Ce blocus a de vastes conséquences sociales et économiques pour les personnes qui travaillent à Gaza. Les activités limitées par le blocus, telles que la circulation des personnes et des biens, ainsi que des capitaux, ont privé de nombreuses personnes de la possibilité d'avoir un emploi et des moyens d'accéder à l'emploi. Sans les moyens externes provenant d'autres pays, les capitaux et les ressources, les entreprises locales sont contraintes de cesser leurs activités, ce qui entraîne une baisse des salaires et un nombre élevé de licenciements. De nombreuses personnes sont contraintes d'accepter des emplois informels, ce qui entraîne l'effondrement des structures familiales et des environnements sociaux.

En outre, en raison du blocus, l'expansion des secteurs économiques productifs clés, tels que l'agriculture, a été réduite, en raison de l'entrave au développement des infrastructures économiques productives et sociales, y compris les services et les activités de construction. La diminution des possibilités d'emploi a également un impact sur les perspectives de diversification et de reprise économiques, ainsi que sur le développement durable et la stagnation de la diversification. Toutes ces caractéristiques économiques à Gaza résultent du cycle de stagnation économique, qui accroît la vulnérabilité sous-jacente des ménages et renforce la dépendance à l'aide humanitaire. Compte tenu de ces facteurs, la dépendance à l'aide devient un cycle sans fin.

La population active a le plus souffert, confrontée à un manque de mobilité sociale ascendante et d'opportunités d'emploi. En raison de l'absence d'emplois valorisants, le fossé du désenchantement se creuse, tandis que la productivité, le potentiel d'actions agressives et la propension aux troubles sociaux augmentent considérablement. Par conséquent, l'impact des opportunités d'emploi économiques se fait sentir beaucoup plus sur le plan social et politique que dans le cas du raisonnement qui sous-tend le blocus.

La crise de l'emploi, exacerbée par le blocus, ne tient pas compte de la dimension critique de l'inégalité généralisée entre les sexes, où la disparité entre les femmes et les hommes est la plus prononcée. Avec la fermeture des marchés et le renforcement des restrictions de mobilité, les pratiques discriminatoires et la perte d'opportunités commerciales se sont intensifiées, ce qui signifie que les femmes, même si elles ont une faible participation économique et sont des éléments essentiels du ménage, se heurtent à des obstacles plus importants. À Gaza, l'offre limitée d'opportunités d'emploi représente un défi disproportionné pour les femmes, car elle réduit considérablement leur autonomie, aggrave les inégalités entre les sexes en matière d'emploi et accentue les inégalités socio-économiques entre les sexes.

Les effets négatifs du blocus sur l'emploi et les moyens de subsistance constituent un défi multiforme qui englobe des préoccupations sociales, économiques et même humanitaires. Des mesures ciblées et déterminées sont nécessaires pour remédier au problème critique de l'écart en matière d'emploi. Il s'agit notamment d'investissements ciblés avec des objectifs en matière d'emploi, d'une économie inclusive et de la suppression active des obstacles et des restrictions dans divers domaines. Dans l'ensemble, l'écart en matière d'emploi est le domaine d'action le plus urgent. Ce problème pose un défi encore plus grand si l'on tient compte du territoire bloqué. Ce territoire bloqué mérite une attention particulière, car il permet d'obtenir des revenus minimaux grâce à des voies économiques progressives, assouplies et durables, parallèlement à des efforts actifs visant à réduire les entraves socio-économiques cachées et manifestes.

Conséquences humanitaires et dépendance à l'aide

Le blocus a causé d'importantes souffrances humanitaires et porte atteinte à l'essence même de la vie quotidienne dans la bande de Gaza. Les soins de santé sont un secteur critique qui a souffert en raison des blocages sur les médicaments vitaux et des contrôles sur les importations d'autres biens nécessaires. C'est la raison pour laquelle le blocus a été une source de préoccupation, même pour les organisations humanitaires qui tentent de fournir l'aide et l'assistance indispensables sur le terrain. Cela a rendu la population dépendante de l'aide étrangère sous forme d'aide internationale. Cette aide internationale est accordée au prix d'un levier politique, réduisant au silence toute une communauté. Les communautés fondées sur le contrôle politique et l'exode ont tendance à perdre leur autonomie. Cette perte compromet l'indépendance de la communauté. Cette forme de dépendance à l'aide est également tragique sur le plan économique. La communauté est plus encline à emprunter et à dépenser des capitaux étrangers sans créer au préalable des structures autonomes et économiquement viables. Les tactiques économiques adoptées deviennent alors néfastes sur le plan politique.

Cette dépendance a également exposé la communauté à des humiliations géopolitiques et a entraîné un déficit incommensurable en matière de dignité fondamentale. Les possibilités d'éducation et les ressources favorisant l'intelligence sociale ont également été bloquées. La frustration qui s'en est suivie et qui n'a pas été maîtrisée ne fait que faciliter la domination politique. L'impuissance et la perte de dignité économique deviennent une cause collatérale du contrôle politique. Cela a non seulement éclipsé le bien-être des espions dans toute une communauté, leur faisant perdre leur dignité, mais l'aspect le plus douloureux est le cycle psychologique qui consiste à nuire davantage à leur estime de soi par des humiliations fondamentales telles que la perte de tout espoir.

La catastrophe qui se déroule actuellement à Gaza soulève différentes questions d'ordre humanitaire, et les conséquences du blocus doivent être prises en compte. L'aide doit être considérée comme une priorité absolue en termes de stratégies durables et de développement avancé. De nouvelles approches doivent être adoptées afin de soutenir les activités locales, de rétablir l'autodétermination et d'équilibrer les approches intégrées qui mettent en œuvre ces principes de manière à renforcer les droits de l'homme, la sécurité et la dignité.

Impact sur la construction et le développement

Le blocus imposé à Gaza entraîne de graves déséquilibres humanitaires et économiques et crée également des tensions dans toute la région en termes de construction et de développement. Le développement dans le domaine de la construction, qui comprend des besoins essentiels tels que l'eau et l'assainissement, les soins de santé et même les établissements d'enseignement, a peu de perspectives d'avenir en raison du blocus.

Le blocus a considérablement freiné le développement économique de la région, mais l'a également étouffée en bloquant les ponts et les routes qui permettent les activités de base. De plus, le blocus met en danger la population en supprimant l'accès à l'eau et à des installations sanitaires adéquates, ce qui amplifie les souffrances endurées par les habitants.

Le blocus limite également considérablement la capacité de Gaza à se développer davantage. L'impossibilité d'importer les matières premières nécessaires, ainsi que la technologie et les équipements, freine l'innovation et l'évolution de nouvelles industries. Le développement est entravé par le manque d'équipements et de ressources, ce qui empêche la formation de capital humain et le développement intellectuel. Ainsi, l'absence de projets de développement réduit les chances de diversification économique et de croissance à Gaza.

La fragmentation incessante des infrastructures et du développement reste un ensemble sous-développé et exposé de la croissance de Gaza dans un contexte mondial, ce qui confirme l'idée que la région ne peut pas stimuler une croissance autonome. Le développement des infrastructures et des installations nécessaires à la croissance économique est une promesse non tenue de Gaza. Pour les générations futures, il s'agit là de voies de migration fondamentales qui stimuleront l'innovation et la croissance, qui font partie des armes d'avenir.

L'impact du blocus sur la stagnation sociale et économique de Gaza est inscrit dans les politiques internationales, et au sein de la région, le ralentissement du développement place la région dans une situation de stagnation, dépendante de l'aide et nécessitant la construction d'infrastructures de base qui permettront à Gaza de se développer. Le soutien et la coordination de la communauté internationale sont nécessaires pour aider à la construction d'infrastructures vitales qui constituent la base de la croissance continue dans la région.

L'impact des sanctions internationales

Les sanctions économiques mondiales contre Gaza ont eu un impact sur la situation économique de Gaza, tout en aggravant la situation déjà existante due au blocus. Ces sanctions sont traditionnellement imposées à certains gouvernements ou responsables, mais leurs effets se répercutent sur la population et la société dans son ensemble, ce qui a des conséquences négatives sur le bien-être. Les Gazaouis souffrent déjà de l'absence de ressources économiques essentielles et d'opportunités économiques, et l'impact économique négatif du blocus de Gaza aggrave encore la situation. Les préoccupations susmentionnées, associées aux sanctions liées à des questions politiques, sont contre-productives pour les Gazaouis et compromettent l'objectif même de faire passer l'humanité avant la politique. Par conséquent, l'humanité et son bien-être doivent réfléchir aux objectifs de ces mesures, et il convient d'examiner si les mesures censées atteindre ces objectifs sont dans l'intérêt de la population. L'analyse des sanctions internationales imposées à Gaza montre clairement qu'au lieu d'atteindre leur objectif politique, ces sanctions internationales aggravent la pauvreté, restreignent les services sociaux essentiels disponibles et limitent les fonds disponibles pour les services de développement durable. L'incapacité de la communauté internationale à imposer des sanctions internationales bloque souvent l'aide humanitaire, renforçant ainsi l'ordre établi de dépendance économique.

Cette section explorant en profondeur les sanctions internationales, il convient de concentrer l'analyse sur les conséquences des sanctions sur les secteurs de la santé, de l'éducation et du commerce. La combinaison du blocus et des sanctions et leur impact sur la situation socio-économique de Gaza devraient préoccuper les défenseurs internationaux des droits de l'homme et les décideurs politiques mondiaux. Cette étude vise à susciter une analyse plus approfondie des questions morales liées au recours aux sanctions économiques et à leur impact sur les relations bilatérales. Les relations nuancées entre les sanctions internationales et la population de Gaza reflètent la nécessité d'une explication sophistiquée des sanctions, qui devrait incarner des valeurs humanitaires plutôt que la domination politique. Il est important de souligner qu'un examen et une analyse équilibrés des sanctions internationales peuvent contribuer à l'élaboration de politiques rationnelles en la matière, afin que des décisions rationnelles respectant la justice sociale et le bien-être des personnes qui souffrent des relations politiques internationales deviennent les principales politiques en vigueur.

Études de cas : industries touchées

Lorsqu'on examine l'impact économique du blocus sur Gaza, il est nécessaire d'étudier des études de cas particulières qui mettent en évidence l'impact disproportionné sur différentes industries et différents secteurs de cette région. Les études de cas démontrent la complexité du blocus et les obstacles qu'il crée pour les entreprises gazaouies qui tentent de fonctionner de manière durable. Une étude de cas se concentre sur l'industrie agricole, qui était autrefois le pilier de l'économie de Gaza. Les agriculteurs locaux ont subi des pertes importantes, entraînant une insécurité alimentaire et l'effondrement des moyens de subsistance de nombreuses familles. Cela résulte directement des sanctions à l'importation et à l'exportation de ressources essentielles telles que les engrais et les équipements d'irrigation, ainsi que des restrictions à l'exportation. En outre, les restrictions sévères imposées aux secteurs de la construction et de la fabrication ont entraîné un retard accru dans le développement des infrastructures, associé à une hausse du chômage parmi une partie importante de la population instruite. La capacité de production de la région a été gravement touchée. Cela a entraîné une stagnation de la croissance économique et maintenu la région dans une situation de dépendance à l'aide humanitaire. Les restrictions changeantes imposées à l'industrie de la pêche à Gaza, associées aux restrictions navales, ont dévasté l'économie de la région. Les pêcheurs sont désormais incapables de nourrir leurs familles.

Des études de cas spécifiques illustrent les effets considérables du blocus sur les modes de vie traditionnels et les activités économiques. Elles soulignent également l'absence d'initiatives de transformation suffisantes et l'importance de méthodes durables pour relancer les économies des industries perturbées et rendre à nouveau la région économiquement viable. La combinaison des témoignages personnels et des preuves empiriques des personnes touchées offre une perspective plus large sur la manière dont ces questions doivent être abordées et traitées, tant du point de vue national qu'international. Ces parties prenantes doivent également comprendre la valeur ajoutée qui est perdue en continuant à isoler économiquement et à bloquer Gaza.

Conclusion : implications à long terme et perspectives mondiales

Le blocus économique a des implications à long terme qui s'étendent au-delà de la région et touchent le reste du monde. Les effets économiques sur Gaza sont aggravés par la limitation délibérée de l'accès aux exportations et aux importations ainsi qu'aux biens et services de base, ce qui place toute la région au bord de la pauvreté. Les défis économiques et humanitaires de la région sont exacerbés par le blocus, dont les ressources sont régulièrement refusées. La crise prolongée comporte de nombreuses facettes, dont la communauté internationale est consciente et auxquelles elle s'efforce de remédier. Cependant, le blocus de Gaza semble avoir des répercussions à plusieurs niveaux sur le monde entier.

Au-delà des problèmes immédiats, l'isolement économique de la bande de Gaza par rapport au reste du monde soulève des questions profondes sur la nature de l'aide humanitaire, le droit international, le rôle du monde dans le traitement de ces questions et les relations entre Gaza et la communauté internationale. Le blocus imposé à Gaza constitue un obstacle majeur à la paix et à la stabilité dans la région du Moyen-Orient. Cependant, il représente fondamentalement plus que cela. Il est le signe d'une grande inégalité et d'un fossé social et économique dans le monde. Il témoigne de l'injustice et du traitement inégal infligés à ceux qui ont désespérément besoin d'aide. Partout dans le monde, les populations ont désespérément besoin de justice et d'égalité. Les souffrances et la pauvreté que le blocus inflige aux habitants de la région de Gaza, et qui s'étendent au-delà de ses frontières, sont préoccupantes.

Indépendamment de la manière dont le monde ignore ces défis, le blocus et ses ramifications économiques à l'échelle mondiale sont complexes et préoccupants d'un point de vue humanitaire également. Les problèmes de Gaza ne sont pas simplement des problèmes auxquels la région de Gaza et ses habitants doivent faire face et trouver une solution. La marginalisation sociale et économique persistante, le déni de dignité humaine, de justice et de démocratie, ainsi que le blocage du potentiel de toute une société sont des questions qui devront inévitablement être abordées par la communauté internationale. Les répercussions sociales et politiques ainsi que les blessures psychologiques qui devront être guéries constituent, pour parler franchement, un héritage qu'il n'est pas digne de transmettre aux jeunes générations. L'héritage de la jeune génération est ce dont elle aura besoin pour façonner le paradigme global de paix et de stabilité pour le monde dans les années à venir.

Les systèmes politiques et diplomatiques mondiaux doivent être repensés sans délai. Les coûts économiques et moraux du blocus exigent que les Émirats arabes unis accordent la priorité au bien-être humain et aux droits de l'homme dans toutes leurs relations. Cela nécessite une compréhension de la privation économique durable et décrit de manière frappante les souffrances et les privations endurées par les populations en conflit, soulignant un engagement fort et urgent en faveur de la coopération et de l'intervention multilatérales.

Ignorer les effets à long terme du blocus sur Gaza nécessite une réflexion sur les questions sous-jacentes de justice, de fraternité humaine et d'interconnexion mondiale. Ce chapitre vise à mobiliser le reste du monde sur la question de Gaza et à encourager le monde à accepter sa responsabilité dans la résolution de ce problème et à œuvrer en faveur de la dignité et des droits fondamentaux de tous, d'une manière géopolitiquement neutre.

5
Les droits maritimes sous le siège
La CNUDM et les revendications palestiniennes

Aperçu du droit maritime et de son rapport avec la CNUDM

Le droit maritime est une spécialisation du droit international public qui traite des relations internationales entre les États dans toutes les régions du monde et dans les océans. La Convention des Nations unies sur le droit de la mer (CNUDM) est au cœur du droit maritime. Elle couvre l'ensemble du champ juridique de tous les océans, des eaux territoriales aux fonds marins. C'est cette convention qui incarne les principaux objectifs du droit maritime. Elle vise ainsi à garantir la sécurité juridique, à faciliter les relations pacifiques et à préserver l'environnement marin.

L'une des caractéristiques de la CNUDM est la délimitation des frontières maritimes, qui comprennent les eaux territoriales et les zones économiques exclusives (ZEE). Dans les eaux territoriales, l'État côtier exerce une souveraineté, un contrôle et une juridiction complets sur une zone raisonnable, qui s'étend jusqu'à 12 milles marins à partir du littoral. Au-delà des eaux territoriales se trouvent les ZEE, qui s'étendent jusqu'à 200 milles marins, où l'État côtier dispose de droits exclusifs d'exploitation et de gestion des ressources. D'une manière générale, les dispositions de la CNUDM visent à établir les limites de la juridiction nationale dans l'espace marin et à favoriser des relations maritimes pacifiques.

En outre, la CNUDM fixe des limites pour le règlement pacifique des différends liés à l'interprétation et à la mise en œuvre du droit maritime. Cela est essentiel pour garantir la stabilité et la légalité maritimes.

Le risque d'une montée des tensions est atténué et les différends peuvent être résolus pacifiquement grâce à l'intégration d'un cadre systématique destiné à traiter de manière constructive les revendications concurrentes de nature maritime. L'importance de la CNUDM est également reconnue car une grande majorité de la communauté internationale a ratifié et respecte ses principes et obligations. L'existence de ce consensus confirme la nécessité d'un cadre global permettant de gérer l'ordre public sur les océans.

Les dispositions de la convention peuvent être considérées comme le pivot de la CNUDM lorsque l'on analyse son importance. Les dispositions de la CNUDM fixent non seulement les limites de la juridiction nationale, mais permettent également la coopération des pays de la région, ce qui contribue à renforcer le développement durable et la gestion des ressources marines de la région. Dans le même temps, l'UNCLOS est un instrument fondamental pour favoriser la stabilité, la sécurité et la paix dans la région, en fournissant la base d'un contrôle et d'une utilisation coopératifs et équitables de l'espace maritime. Plus nous examinons le contexte historique des revendications maritimes de la Palestine, plus nous ressentons le besoin de saluer l'UNCLOS et sa richesse, en particulier en ce qui concerne les courants dominants du droit maritime et de la géopolitique.

Contexte des revendications palestiniennes Zone graphique

Le conflit israélo-palestinien, ainsi que la géopolitique plus large qui l'entoure, constituent le contexte des revendications maritimes palestiniennes. La plupart des historiens n'ont pas accordé une importance particulière à ces revendications, car elles tournent autour de l'aspect principal du conflit, à savoir le territoire. Les eaux territoriales palestiniennes ont historiquement été soumises à divers degrés de restrictions et au contrôle israélien, ce qui a empêché les communautés côtières palestiniennes d'en obtenir le contrôle total. La perte d'accès à la mer des communautés côtières palestiniennes à la suite de la création de l'État d'Israël en 1948 a eu une série de répercussions sur leur accès maritime et les droits de la population de l'arrière-pays aux territoires côtiers. La création de l'État israélien, avec les réalignements régionaux, les conflits frontaliers et, bien sûr, le régime militaire qui l'ont accompagnée, a systématiquement effacé les revendications palestiniennes sur la mer. L'absence de souveraineté maritime palestinienne et son ancrage fragile ont enfermé les communautés côtières et les pêcheurs palestiniens dans un cercle vicieux de sous-développement et de privations institutionnalisés.

Le passé de la Palestine en relation avec la mer doit être pris en compte afin de construire une solution équilibrée qui résolve l'héritage de la dépossession tout en visant à renforcer l'autonomie palestinienne en matière d'autogouvernance et de gestion des ressources maritimes. Les injustices en matière de gouvernance maritime doivent être corrigées afin de fournir une base durable pour d'éventuels cadres futurs visant à développer les zones côtières palestiniennes en vue de leur utilisation. En outre, l'accent mis sur le contexte historique des revendications aidera les Palestiniens à traiter les traités et instruments juridiques internationaux qui visent à remédier aux inégalités séculaires en matière d'accès et d'utilisation injustes des ressources maritimes. Cela souligne la nécessité d'une approche plus holistique des revendications palestiniennes concernant la mer afin de parvenir à une solution plus équilibrée, qui mette également en évidence les aspects juridiques internationaux et les droits maritimes du peuple palestinien.

Cadre juridique : principes découlant de la CNUDM concernant la Palestine

La Convention des Nations unies sur le droit de la mer (CNUDM) est la première du genre à établir un cadre juridique international pour la délimitation des frontières et les droits maritimes qui en découlent pour tout pays donné. Elle reste au cœur de la philosophie et des politiques relatives à l'utilisation des océans et des mers et à la réglementation des activités économiques et de l'environnement. Pour les Palestiniens, en particulier ceux qui exercent leurs droits sur les revendications et les ressources maritimes, les principes énoncés dans la CNUDM revêtent une importance considérable. Pour les Palestiniens, les principes juridiques contenus dans la CNUDM sont d'une importance cruciale car ils traitent de la délimitation des frontières, de la réglementation des activités maritimes et, en particulier, de la protection de l'environnement marin.

Les principes de la CNUDM qui sont les plus importants pour les Palestiniens sont le concept de zones économiques exclusives (ZEE), dans lesquelles les États côtiers se voient accorder des droits souverains pour explorer, exploiter, conserver et gérer les ressources situées à plus de deux cents

(200) milles marins de leurs côtes. Cela est particulièrement important pour le peuple palestinien, car cela concerne sa capacité à utiliser et à contrôler les ressources marines de la Méditerranée orientale. En outre, la CNUDM contient des dispositions relatives à la détermination du plateau continental, qui ont une incidence sur la délimitation des ressources situées sur les fonds marins au-delà de la ZEE.

En outre, la CNUDM encourage la collaboration entre États pour résoudre les différends concernant les frontières et leur subdivision par le biais de cadres juridiques et approuve le règlement pacifique de ces différends. Cette considération est particulièrement pertinente dans le cas du peuple palestinien en raison de la dynamique régionale complexe et des revendications concurrentes en Méditerranée orientale. La connaissance des mécanismes de règlement des différends prévus par la CNUDM est bénéfique pour les Palestiniens, car elle leur permet d'engager des recours juridiques internationaux et de résoudre leurs différends de manière pacifique.

En outre, la convention stipule la protection et la mise en valeur du milieu marin et définit la gestion des ressources marines ainsi que leur environnement qui nécessite une protection et un développement durable. Cela sert également les intérêts des Palestiniens en favorisant l'équilibre de l'écosystème et la gestion responsable de l'espace marin sous leur autorité. En utilisant les dispositions environnementales de la CNUDM, les Palestiniens peuvent souligner l'importance de la préservation des écosystèmes et du développement durable dans leurs activités maritimes.

En conclusion, il est essentiel que les Palestiniens comprennent et utilisent la CNUDM pour exercer et gérer efficacement leurs eaux côtières. Ce traité international garantit l'accès aux ressources océaniques et établit un cadre pour résoudre les conflits et favoriser la collaboration entre les pays. Avec le soutien de la CNUDM, les Palestiniens seraient en mesure de gérer intelligemment les défis du droit international et maritime et d'utiliser les principes du droit international pour défendre leurs revendications tout en assurant une bonne gouvernance de leur territoire maritime.

Conflits régionaux et leurs conséquences dans les eaux palestiniennes

Presque toutes les frontières maritimes le long de la côte est de la Méditerranée font l'objet de conflits régionaux complexes, y compris les eaux palestiniennes adjacentes. Lorsque des réserves de gaz offshore ont été découvertes, les tensions se sont intensifiées et le gaz est devenu l'objet de revendications et d'intérêts concurrents. Désormais, l'enthousiasme des revendicateurs, parmi lesquels Israël, le Liban, Chypre et la Turquie, s'étend aux revendications maritimes offshore qui répondent à certaines présomptions de richesse en hydrocarbures. Leurs revendications et leurs différends maritimes qui se chevauchent auront inévitablement de graves conséquences sur les eaux palestiniennes en raison des zones économiques exclusives et des revendications qui se chevauchent sur les régions potentiellement riches en ressources. Ces différends n'ont pas de solution en raison des paradoxes inextricables de la région et des tensions politiques profondément enracinées. L'absence de clarification et de redéfinition des conflits transfrontaliers, associée à la violence continue et à l'absence de traités de paix, rend la situation d'autant plus insoluble. L'autorité souveraine palestinienne est responsable de la gestion et du contrôle des ressources hydrauliques, mais les conflits existants limitent sa capacité à défendre ses intérêts. D'autre part, ces conflits ont réduit le potentiel économique et social de ses eaux par la répression et un contrôle strict. L'intensification du conflit armé régional et la surveillance de la Méditerranée orientale ne servent aucun autre objectif. L'absence de consensus et de négociations raisonnables sur les frontières respectives, la répartition des ressources et la propriété ne font qu'exacerber l'instabilité et la volatilité dans le spectre maritime palestinien. Il est essentiel de comprendre la relation entre ces conflits régionaux et les eaux palestiniennes. Nous devons aborder ces complexités géopolitiques afin d'établir un cadre juridique qui permette aux Palestiniens de protéger et d'améliorer leurs eaux.

Défis rencontrés par les autorités palestiniennes dans l'exercice de leurs droits maritimes

L'exercice des droits maritimes de la Palestine s'accompagne d'une série de défis qui découlent des préoccupations géopolitiques et juridiques liées au conflit israélo-palestinien. Les autorités palestiniennes sont submergées par les problèmes, n'ayant que peu ou pas de contrôle sur les eaux, ce qui signifie qu'elles n'ont aucune capacité à les gérer et à les utiliser. L'accès difficile à ces eaux par les navires de guerre israéliens, associé aux restrictions imposées par Israël, aggrave la situation économique déjà difficile de la Palestine, qui est progressivement privée de toute croissance. Il n'existe pas de gouvernement palestinien centralisé et fonctionnel, ce qui supprime toute structure décisionnelle et alourdit encore le fardeau de la lutte contre ces conflits maritimes. L'absence de contrôle et de responsabilité s'accompagne d'une fragmentation totale des structures politiques. Cela souligne encore davantage le manque de croissance de l'économie maritime palestinienne. Le contrôle de ces eaux est minimal, les moyens navals défensifs et offensifs étant limités ; le manque d'investissements est presque choquant. La perte d'investissements dans la construction d'infrastructures et d'équipements énergétiques dans ces eaux maritimes ajoute à l'incapacité de commercer avec d'autres pays, renforçant encore le manque de croissance économique.

En outre, le manque de stabilité et les problèmes de sécurité persistants dans la région limitent considérablement les activités maritimes, mettant en péril les investissements potentiels et les cadres réglementaires solides. Le problème central réside dans la tentative de revendiquer et de protéger les droits maritimes palestiniens face à de multiples complications géopolitiques, juridiques et économiques. En dehors de cela, il est essentiel de reconnaître la nécessité d'une coopération et d'un partenariat entre les parties prenantes afin de traiter ces questions pour le progrès des ressources offshore palestiniennes. Une politique bien formulée, combinée à des investissements dans le renforcement des institutions et à la promotion des relations internationales par les autorités palestiniennes, contribuera à servir leurs intérêts en surmontant ces défis. Cela profitera à l'ensemble de la région et pas seulement au peuple palestinien.

Études de cas : précédents internationaux et leur pertinence

Lorsqu'on examine les revendications maritimes des Palestiniens, il convient également de se pencher sur le différend relatif à la frontière maritime en mer de Chine méridionale. Ce différend se distingue par le nombre important de pays impliqués et l'attention mondiale qu'il a suscitée. L'arbitrage en mer de Chine méridionale, qui oppose les Philippines à la Chine, et les mesures prises par la Chine à la suite de cet arbitrage, mettent en lumière l'utilisation du droit international dans les eaux contestées de la mer de Chine méridionale. De même, l'affaire opposant le Royaume-Uni et l'archipel des Chagos, qui porte sur la question de la souveraineté britannique sur les îles et les revendications de la République de Maurice, est emblématique des innombrables complications qui surgissent dans le processus de décolonisation et l'affirmation du droit des nations émancipées sur les eaux contestées. Les circonstances entourant ces affaires révèlent certains aspects de la relation complexe entre le droit international, les institutions juridiques internationales concernées et la géopolitique profondément influente qui se répercute sur les personnes impliquées. Dans un tel système géopolitique et maritime international global, le droit des Palestiniens sur les eaux adjacentes à leur territoire n'est guère une revendication exceptionnelle ou isolée. La compréhension du droit international applicable à ces autres cas fournit un contexte spécifique dans lequel la jurisprudence est utile pour prévoir la réparation des griefs particuliers de la population.

L'étude de ces cas nous permet de reconnaître des similitudes, d'en extraire des stratégies clés et de mettre en lumière les questions complexes de la juridiction et de la souveraineté maritimes. Ils illustrent également comment utiliser le plaidoyer, la diplomatie, les organisations internationales et les alliances pour affirmer et protéger les droits maritimes. L'analyse des études de cas internationaux et de leur pertinence renforce la nécessité d'examiner les revendications maritimes palestiniennes parallèlement aux autres principes et instruments du droit international et de la diplomatie. Cette analyse permet d'évaluer l'étendue des recours judiciaires, les perspectives d'accords négociés et la garde des droits maritimes palestiniens.

Tensions géopolitiques : restrictions israéliennes à l'accès des Palestiniens

Les tensions géopolitiques entre les territoires israéliens et palestiniens ont considérablement restreint l'accès des Palestiniens aux ressources maritimes. Les barrières israéliennes à l'accès des Palestiniens ont posé, et continuent de poser, de nombreux obstacles aux autorités palestiniennes et à la population qui dépend de la mer pour sa subsistance. Pour les Palestiniens, leurs préoccupations les plus pressantes concernent l'imposition unilatérale de zones économiques exclusives (ZEE) par Israël et son contrôle sur des régions maritimes stratégiques. Ce contrôle, associé au manque d'accès aux eaux côtières, a des effets néfastes sur la pêche, le commerce maritime et la croissance des ressources énergétiques offshore. L'application de blocus navals et de restrictions arbitraires à la pêche palestinienne s'est intensifiée, entraînant des affrontements directs en mer où des personnes sont blessées alors qu'elles exercent leur métier en mer, mettant en danger leur sécurité et celle des personnes présentes dans les eaux. En Méditerranée, la marine israélienne a non seulement freiné le financement de l'économie, mais a également accru la méfiance et les tensions des populations négligées, et le reste de la région en a souffert, tout comme la région de tension méridienne.

En outre, l'absence de définitions juridiques précises des frontières maritimes et les revendications concurrentes de souveraineté entre Israël et la Palestine ont déclenché des différends et des cadres juridiques contradictoires qui entravent la capacité de la Palestine à naviguer librement, à contrôler et à dominer activement son domaine maritime. Ces complexités juridiques et administratives ont rendu le domaine maritime problématique et les vestiges du contrôle dystopique d'Israël difficiles à maintenir et à développer. Héritage de la dystopie : les vestiges ont à peine contrôlé Israël, et il existe un contrôle déséquilibré du domaine maritime de la Palestine qui borde la région palestinienne.

La marginalisation et l'élimination des disparités en matière d'accès libre et disproportionné aux fonds marins et aux eaux maritimes ont transformé de manière défavorable l'ordre socio-économique au sein des entités palestiniennes et israéliennes à plus grande échelle et de manière plus complexe en termes d'inégalité. La manipulation des frontières maritimes contrôlables de la Palestine ainsi que des frontières brevetables qui ne sont pas contrôlées a permis à la région de se développer. Il n'est pas facile de résoudre les restrictions imposées par Israël au peuple palestinien et les tensions géopolitiques qui en découlent. Cette question doit être résolue par une communication positive, des cadres juridiques internationaux et un partage équitable des ressources. Israël et les Palestiniens doivent comprendre qu'il existe des ressources maritimes interdépendantes qui, si elles sont correctement gérées et partagées, peuvent atténuer les tensions et créer un environnement propice à la prospérité des deux parties.

Implications pour le développement économique palestinien

Les implications du siège, des droits maritimes et des restrictions imposées par Israël à l'accès des Palestiniens ont de graves conséquences sur le progrès économique palestinien. Compte tenu de la forte densité de population de la bande de Gaza et des autres défis socio-économiques urgents, les ressources du secteur maritime pourraient changer la donne en matière de développement économique et durable. Cependant, les restrictions imposées par Israël, le blocus naval et les limitations des zones de pêche compromettent ces opportunités.

Le secteur maritime offre à la population palestinienne d'importantes possibilités d'emploi. Les stocks de poissons, les autres ressources marines et les hydrocarbures pourraient stimuler le développement des industries de la pêche, de l'aquaculture et de l'énergie offshore. Ces industries seraient en mesure de répondre non seulement aux besoins du marché intérieur, mais aussi à ceux du marché excédentaire, contribuant ainsi au progrès de l'économie palestinienne.

Le développement des capacités commerciales maritimes et des infrastructures portuaires améliorera la connectivité et le commerce international de la Palestine. Les investissements dans la région côtière stratégiquement située de la Palestine permettent le commerce avec les pays voisins et au-delà, favorisant ainsi la diversification et l'intégration économiques. À terme, ces investissements stimuleront la croissance de l'économie maritime palestinienne, faisant du pays une région compétitive sur le marché de l'import-export et renforçant ainsi la diversification économique.

En outre, les ressources maritimes inexploitées de la Palestine ont le potentiel de stimuler l'investissement et l'innovation. L'investissement et l'innovation stimuleront probablement la croissance dans les domaines de la recherche marine, des sciences et des technologies, ainsi que dans la gestion durable des ressources marines et la protection de l'environnement marin. Non seulement ces gains renforceront et amélioreront la compétitivité de l'économie palestinienne, mais ils contribueront également aux efforts mondiaux de développement durable et de protection.

Malgré tout, le potentiel de développement économique inexploité de la Palestine en raison des restrictions qui lui sont imposées entrave le potentiel de croissance des investissements. Le manque d'accès de la Palestine à la haute mer et à la navigation maritime freine les investissements dans le pays, entraînant ainsi une stagnation de l'économie. Cette situation renforce la dépendance économique et la stagnation, laissant la nation dans une situation peu prospère et incapable de croissance autonome.

Pour améliorer l'économie palestinienne, il est nécessaire de s'attaquer aux effets des restrictions imposées aux droits maritimes palestiniens. La simple reconnaissance et le respect de ces droits, ainsi que la suppression des obstacles géostratégiques à l'accès, permettront de libérer le potentiel du domaine maritime pour le développement économique durable de la région. À long terme, cela contribuera à la réalisation des objectifs tant souhaités par le peuple palestinien, notamment l'autodétermination, le développement économique et la paix.

Défense et soutien internationaux des revendications maritimes palestiniennes

La recherche d'un soutien international aux revendications maritimes des Palestiniens a, à son tour, favorisé leur reconnaissance et leur protection, contribuant ainsi à décevoir les droits juridiques internationaux des Palestiniens. Le soutien à la défense de ces droits a depuis lors constitué une stratégie primordiale. Des voies diplomatiques ont été explorées pour défendre la cause palestinienne dans les relations internationales, avec le soutien juridique de la Convention des Nations unies sur le droit de la mer (CNUDM). Désormais, le rôle des ONG, des défenseurs et des juristes internationaux dans la défense des « droits maritimes des Palestiniens » a été mis en avant pour défendre et amplifier la voix des opprimés. Dans ce contexte, un soutien important aux revendications palestiniennes est venu de l'opinion publique, du plaidoyer au sein des sous-systèmes juridiques internationaux et du lobbying stratégique des organisations intergouvernementales qui sapent les réponses aux demandes reconventionnelles. En outre, la défense des revendications palestiniennes en vertu du droit international, soutenue par les Nations unies, la Cour internationale de justice et les blocs régionaux, a joué un rôle essentiel dans la définition de leurs efforts de paix régionaux tout en attirant l'attention du monde entier. Les défenseurs ont souligné l'importance du soutien, en inscrivant l'activisme palestinien dans le cadre d'un objectif d'unité internationale en matière de défense réactive.

En outre, le soutien des pays puissants et la formation de partenariats avec des alliés ont renforcé la base juridique des revendications palestiniennes sur les eaux territoriales, ainsi que les arguments moraux et juridiques en faveur de l'injustice subie par le peuple palestinien. L'unification des praticiens du droit concernant la défense des personnes et le mouvement ascendant a généré, pour ainsi dire, une multiplication des soutiens qui dépasse les frontières nationales et politiques. Les partisans du mouvement mènent des campagnes ouvertes et secrètes basées sur ses principes fondamentaux afin de recentrer la défense internationale sur les eaux territoriales palestiniennes, dans le but d'obtenir une reconnaissance équilibrée et le rétablissement des droits. Néanmoins, la défense et le soutien international à cette cause doivent continuer à viser à redéfinir le paradigme et à donner au peuple palestinien les moyens de faire face aux complexités du conflit maritime, en négociant avec ténacité et endurance.

Conclusion : naviguer vers une résolution

En d'autres termes, les difficultés concernant la Chambre palestinienne, liées aux aspects juridiques, géopolitiques et économiques, ont un impact considérable et nécessitent une attention particulière. Le plaidoyer international est nécessaire pour la reconnaissance et la protection des revendications palestiniennes sur la mer. Le soutien international, bien que d'une importance cruciale, doit être complété, pour une affirmation et une protection efficaces des droits maritimes, par une consolidation interne des rangs palestiniens. Ce qui est en outre, et peut-être avant tout, d'une importance capitale, c'est la mise en place d'un fondement juridique fondé sur la Convention des Nations unies sur le droit de la mer (CNUDM), instrument clé pour faire valoir les revendications relatives aux eaux territoriales palestiniennes, aux zones maritimes adjacentes et aux ressources qu'elles recèlent. Les négociateurs palestiniens devraient être prêts à associer toute tentative de règlement des différends à des propositions d'accords de coopération pour la gestion des ressources qui se chevauchent et sont adjacentes aux zones maritimes. L'argument humanitaire est peut-être crucial, car il viendra stratégiquement renforcer les arguments en faveur d'un accès maritime sans restriction, du développement et des efforts en faveur du peuple palestinien. Dans cette perspective, il sera plus facile de rallier des soutiens à cette cause. En outre, il est nécessaire de développer les capacités techniques et infrastructurelles nécessaires à une exploitation prudente et combinée des ressources marines afin de favoriser les perspectives de développement du peuple palestinien.

La communauté internationale a pris conscience de l'interconnexion entre des questions politiques et géostratégiques disparates. Le moment est donc propice pour défendre les droits maritimes palestiniens. À terme, le point de vue des entités politiques palestiniennes ainsi que du reste du monde sera essentiel pour établir la ligne directrice qui permettra de résoudre la question avec une approche équilibrée en matière de justice, d'équité et de respect du droit international. Si l'élite politique palestinienne s'attaque à cette question avec des efforts mesurables et déploie les outils et les alliances appropriés, il existe une voie réalisable pour obtenir l'ensemble des droits maritimes.

6
Les moyens d'obstruction d'Israël
Du blocus à l'exploitation

Aperçu historique du blocus

L'imposition de blocus est une stratégie récurrente dans les relations internationales depuis l'Antiquité. Tout au long de l'histoire, les blocus ont été utilisés comme moyen d'exercer une pression économique et politique ou d'atteindre des objectifs militaires. À l'époque moderne, les blocus, en particulier dans le cadre du conflit israélo-palestinien, sont le résultat d'un enchevêtrement d'événements historiques, de conflits territoriaux et de questions géopolitiques. Les blocus à Gaza remontent à la guerre des Six Jours en 1967, lorsque Israël a pris le contrôle de la bande de Gaza, de la Cisjordanie, de Jérusalem-Est et du plateau du Golan. Les « accords d'Oslo » des années 1990, qui ont créé l'Autorité palestinienne et proposé une résolution au conflit israélo-palestinien, ont laissé le statut de la bande de Gaza en suspens. En 2007, dans un contexte de violence et d'instabilité politique lié au conflit israélo-palestinien, Israël a mis en place un blocus naval afin de limiter l'entrée d'armes à Gaza. Ce blocus s'est intensifié lorsque le Hamas a remporté les élections et a créé un contrôle partagé de la bande de Gaza et de la Cisjordanie avec le Fatah.

Cette évolution historique souligne l'imbrication des multiples problèmes de sécurité, de la politique intérieure palestinienne et des calculs stratégiques globaux d'Israël. Les questions juridiques et humanitaires liées au blocus, à son imposition et à ses prolongations persistantes ne permettent pas d'articuler les questions fondamentales relatives aux droits et au bien-être du peuple palestinien. L'examen historique du blocus suscite des réflexions d'une importance capitale sur les conséquences des conflits non résolus et les griefs historiques, les relations de pouvoir et les responsabilités mondiales qui les accompagnent. Le contexte présenté est important pour comprendre l'étendue, la validité et les conséquences du blocus. Ce n'est qu'alors, dans ce contexte, qu'il sera possible de mener des discussions productives, de mettre en œuvre des politiques et de créer des mécanismes pour résoudre le conflit et établir une paix durable.

Cadres juridiques et violations

Les documents juridiques relatifs au blocus de Gaza établissent un équilibre entre des éléments divergents et parfois opposés du droit international, du droit humanitaire et des règles maritimes. La situation à Gaza, en particulier en ce qui concerne le champ d'application de la quatrième Convention de Genève et de la Convention des Nations unies sur le droit de la mer (CNUDM), fait l'objet d'un débat critique permanent.

Le droit international humanitaire, en particulier la quatrième Convention de Genève, exige qu'Israël, puissance occupante, prenne les mesures nécessaires pour garantir la sécurité et la sûreté de la population civile dans le territoire occupé, y compris Gaza. Ces mesures comprennent la fourniture des approvisionnements nécessaires, des services médicaux et d'autres formes d'aide humanitaire. Cependant, le blocus terrestre, maritime et aérien imposé par Israël a fondamentalement enfreint ces mesures de protection et créé des conditions humanitaires intenables pour la population de Gaza.

La gestion du blocus international soulève des questions urgentes relatives au droit de la mer concernant le droit de navigation libre et ouverte, le droit de passage inoffensif et la définition des eaux territoriales d'un pays. Le pays frontalier sans population adopte une position *prima facie* sur le droit de la mer, tel que défini par la CNUDM, lorsqu'il aborde la validité internationale du blocus et les restrictions hydrométriques dans les eaux de Gaza. En outre, les attaques systématiques et arbitraires contre les pêcheurs palestiniens et leurs bateaux, qui se traduisent souvent par des agressions contre les pêcheurs, des attaques contre les bateaux et la mort de pêcheurs, constituent une violation flagrante des principes et règles fondamentaux du droit de la mer.

L'ampleur et la persistance des violations du droit international concernant le blocus ont suscité la condamnation des groupes de défense des droits humains, des professionnels du droit et des défenseurs internationaux de tous bords politiques. De nombreux témoignages et enquêtes ont mis en évidence le mépris systématique des obligations et des normes de la civilisation juridique et la nécessité urgente de rendre des comptes et d'obtenir réparation. De plus, l'absence de mesures coercitives efficaces et l'incapacité de la communauté internationale à imposer le respect des principes légalement établis ont nourri le cycle perpétuel d'impunité et d'injustice qui entoure le blocus, en l'absence de toute loi régissant la civilisation internationale.

Comprendre les aspects juridiques du blocus nécessite une approche beaucoup plus large que la simple remise en question de ce que nous avons, ainsi qu'une réaffirmation globale du respect de l'état de droit existant. Il est tout aussi important de mettre en place une initiative multilatérale qui inclue un engagement significatif, une diplomatie et une application de la loi afin de remédier aux violations juridiques fondamentales et de longue date et de restaurer les droits et la dignité du peuple de Gaza.

Effets économiques sur Gaza

Le blocus et les restrictions qui l'accompagnent ont eu des conséquences dévastatrices pour Gaza. Les restrictions commerciales sévères ont entraîné une forte hausse du chômage et une pauvreté généralisée à Gaza. En raison des restrictions commerciales et de l'intégration régionale, Gaza a été presque complètement isolée des activités commerciales internationales, ce qui a considérablement freiné la croissance économique. Le blocus a considérablement restreint l'accès à l'industrie de la pêche, rendant les zones de pêche de plus en plus inaccessibles. Les pratiques militaires israéliennes et les saisies régulières de bateaux de pêche ont entraîné une baisse de la productivité de la pêche et une stagnation des revenus, ce qui a eu un impact négatif sur les revenus et les taux d'emploi à Gaza.

L'accès restreint au territoire nuit considérablement à la capacité de commercer avec les marchés étrangers et d'y accéder. Les ressources et les matériaux agricoles essentiels, associés à la destruction militaire des terres agricoles productives, ont entraîné un étranglement de l'approvisionnement de l'agriculture interne de Gaza. En outre, les marchés locaux de la construction et de la fabrication dépendent fortement de l'importation de machines et de matériaux, ce qui freine la diversification économique et le développement local. Le blocus a entraîné une dépendance à l'aide humanitaire en raison de la montée en flèche des taux de chômage et de pauvreté, qui ont conduit à l'instabilité économique et au ralentissement de la croissance.

Le blocus a entraîné une activité économique au ralenti à Gaza, ainsi qu'une privation de nourriture et de services et une insécurité alimentaire. Les restrictions à l'importation ont provoqué des pénuries alimentaires et médicales, qui ont entraîné une augmentation des prix. La mauvaise gestion des infrastructures, de l'assainissement et des services énergétiques aggrave le problème de la qualité de vie de la population.

Les difficultés économiques ont eu des répercussions sociales et psychologiques négatives sur les soutiens de famille. En outre, le besoin persistant d'échapper à la réalité, associé au manque d'opportunités économiques, a poussé de nombreux jeunes vers les marchés du travail risqués à l'étranger. Le blocage continu des opportunités d'investissement entrave encore davantage la capacité à développer et à construire une société résiliente.

Nous devons nous attaquer au blocus de Gaza afin de promouvoir le développement régional et d'assurer la stabilité et la prospérité économiques. Ces effets peuvent être atténués en supprimant les barrières commerciales, en soutenant les changements structurels au sein des communautés par des investissements économiques et en permettant la libre circulation des personnes et des biens. En outre, l'aide et la collaboration internationales sont essentielles à la reprise économique et à la résilience de Gaza, qui favorisent un avenir plus sûr pour sa population.

Tactiques et méthodes d'application

Le blocus de Gaza et l'exploitation des ressources de Gaza impliquent de nombreuses tactiques et stratégies orchestrées personnellement par les autorités israéliennes. Ces stratégies visent à maintenir un contrôle, un accès et une domination exclusifs sur un territoire particulier et ses ressources, y compris la mer. Des patrouilles navales et des points de contrôle surveillent et contrôlent certaines activités de pêche et autres activités maritimes. Ces restrictions et ce contrôle des eaux côtières de Gaza rendent presque impossible pour de nombreux Palestiniens l'accès et l'exploitation des ressources maritimes pour leurs activités économiques primaires et secondaires. En outre, la mise en place de barrières arbitraires, telles que l'obligation d'obtenir des permis et des licences, contribue à renforcer le blocus. La complexité des barrières administratives tend à entraver les efforts des Palestiniens pour mener des activités commerciales légitimes et aggrave les conditions socio-économiques de Gaza. De plus, le blocus aux frontières de Gaza et la restriction des importations et des exportations contrôlent la circulation des marchandises et des ressources essentielles à l'intérieur de Gaza et dans les régions environnantes. Par conséquent, cela favorise la dépendance de la région à l'égard de l'aide internationale.

Une autre méthode de contrôle importante consiste à utiliser des barrières informationnelles et à manipuler les systèmes d'alimentation électrique et d'infrastructure de Gaza. Cela a un impact sur des secteurs importants de l'économie, tels que l'agriculture, la santé et l'industrie.

L'économie de Gaza, tout comme sa population, vit dans un état de dépendance confinée en raison de formes intentionnelles et systématiques de rationnement de l'électricité et du carburant.

Enfin, le contrôle de l'information, associé à des techniques de surveillance, permet de surveiller et de contrôler les communications et la circulation des médias et des données à Gaza. Cela contribue à la censure de l'information et à la manipulation de l'opinion publique concernant le blocus et l'exploitation des ressources. Il en résulte une incapacité des Palestiniens à exprimer leurs objections et à rechercher des défenseurs du changement.

Parallèlement à ces tactiques, des manœuvres juridiques et diplomatiques sont menées par divers canaux afin d'obtenir l'approbation du maintien du blocus et de l'exploitation continue des ressources de Gaza. L'application d'instruments juridiques et de traités internationaux aggrave encore la situation des Palestiniens et vise à réduire au silence ceux qui osent contester le statu quo.

L'adoption intégrale de ces méthodes démontre la complexité des tactiques d'application utilisées par Israël et la nature planifiée de l'obstacle à l'autodétermination et au développement durable des Palestiniens. Les tactiques utilisées à Gaza affectent tous les aspects de la vie, aggravant les conditions et niant les droits fondamentaux.

Contrôler les ressources et éventuellement les refuser

Le conflit global, en particulier dans le domaine des

ressources maritimes, revêt une grande importance. Le déni planifié des ressources aux territoires palestiniens, en particulier à la bande de Gaza, est l'un des piliers de la politique géopolitique et économique d'Israël à l'égard de la région. Ce chapitre tente de mettre en lumière la nature complexe des raisons qui sous-tendent le déni des ressources naturelles aux Palestiniens et les stratégies de gestion complexes mises en œuvre.

Le principal sujet de préoccupation concerne le contrôle et l'exploitation des ressources du littoral et des régions maritimes de la Palestine. Au fil des ans, Israël a progressivement mis en place des restrictions à des degrés divers afin de réduire la capacité des Palestiniens à accéder aux pêcheries, aux gisements de gaz naturel offshore et à une multitude d'autres ressources maritimes précieuses. Les zones maritimes frontalières imposées par Israël et fortement exploitées, ainsi que les restrictions arbitraires sur la pêche et d'autres activités économiques, ont étouffé et continuent de détruire les communautés côtières de Gaza, favorisant la pauvreté et la dépendance.

Sur le plan stratégique, et peut-être plus important encore, le principal décalage par rapport au blocus physiquement abusif susmentionné réside dans le ciblage et la destruction d'infrastructures essentielles, notamment les réseaux électriques, les usines de dessalement destinées à être détruites et les installations de traitement des eaux usées. Ces actions ciblées non seulement freinent le développement de la Palestine, considérée comme une région économiquement sous-développée, mais contribuent également à un siècle de dépendance excessive à l'aide et au soutien humanitaire permanent.

Une fois la ressource sous contrôle, c'est l'absence de

contrôle dominant qui attire l'attention. Dans le cas susmentionné, Israël conserve une position dominante dans les décisions juridiques, définissant les règles de gouvernance et d'utilisation de la ressource. À titre d'exemple, les limites juridiques permissives excessives ou insuffisantes imposées à la région en question sont manipulées par le défenseur et le promoteur de la ressource au détriment d'un accès socio-écologique équitable et durable au sein d'une Palestine libre, qui ne fait que nier le contrôle, est traitée, exploitée et contrôlée. Lentement mais sûrement, le peuple palestinien subit et a subi l'attribut essentiel de l'autosuffisance de la population pour construire une nation compétitive.

Priver une société de ses ressources a un impact économique palpable, mais cela entraîne également des conséquences environnementales importantes que le refus d'accéder aux ressources exacerbe. Il en résulte des dommages écologiques importants, ainsi qu'une surexploitation irresponsable des ressources naturelles de la région, qui est une conséquence directe de l'exploitation aveugle des ressources et de l'absence de politiques appropriées de gestion et de conservation des ressources de la part des autorités israéliennes. Cette situation reste potentiellement catastrophique pour la durabilité des ressources naturelles dans la région et la possibilité d'une réhabilitation et d'une restauration écologiques et environnementales.

Pour démêler l'écheveau complexe du déni d'accès aux ressources et des stratégies de gestion, il est nécessaire d'examiner de manière approfondie les aspects juridiques, internationaux, sociologiques et éthiques. Pour parvenir à des progrès effectifs en matière d'accès équitable aux ressources, qui soient durables et correctement gérés, il faut s'engager fermement à reconnaître l'égalité des droits et à respecter les obligations en matière de gestion des ressources qui incombent à chaque membre de la société.

Épuisement des ressources et impacts écologiques

Les effets environnementaux et l'épuisement des ressources causés par cette guerre et ce blocus persistants dans la bande de Gaza aggravent la crise humanitaire dans la région. En conséquence, l'environnement implacable et non réglementé de Gaza a des conséquences désastreuses sur la vie et la santé des populations, qui sont privées des ressources nécessaires et d'un développement durable. Les systèmes d'irrigation inadéquats et mal entretenus, considérés comme la colonne vertébrale du développement durable, associés à la pénurie grave et déraisonnable de ressources en eau potable, aboutissent à une pollution catastrophique et à une exploitation irrémédiable des écosystèmes terrestres et aquatiques. Compte tenu du manque et de l'incertitude concernant les questions de santé vitales, la plupart des personnes résidant dans la région sont à nouveau exposées aux maladies d'origine hydrique. Dans de tels cas, il est impératif que la population et, comme pour la plupart des questions humanitaires, le monde entier assument conjointement et équitablement leurs responsabilités.

La capacité des personnes à réfléchir et à s'améliorer, mise à mal par le blocus, ne fait qu'exacerber la situation en réduisant leur capacité à penser de manière critique. Plus pertinent encore, le manque de ressources disponibles pour la construction reste l'un des problèmes les plus souvent évoqués. Malheureusement, il est très difficile de remédier à l'accès très limité de la population régionale, de construire des voies d'accès importantes aux ressources en eau du territoire et d'étendre les canaux d'eau les moins disponibles, tels que les conduites, pour collecter et traiter les eaux usées.

De plus, l'épuisement des ressources naturelles a affecté l'équilibre écologique et les moyens de subsistance des communautés côtières de Gaza. La surpêche est particulièrement préoccupante, car elle a entraîné le déclin des espèces marines et la perturbation des écosystèmes marins sensibles, tandis que le blocus a provoqué une situation économique désespérée. Ces menaces écologiques et d'épuisement contribuent à l'instabilité alimentaire, économique et régionale.

Les défis mentionnés ci-dessus nécessitent des efforts pour réduire les impacts du conflit non résolu et du blocus sur l'environnement. Gaza a besoin du soutien international pour mettre fin aux souffrances de sa population et restaurer l'environnement. Les mesures d'atténuation des conflits, qui réduisent les conflits et remédient aux déséquilibres dans la gestion des ressources, comprennent la gestion durable de l'eau, l'amélioration de l'élimination des déchets, les zones marines protégées et le lien efficace entre la réhabilitation de l'environnement et les conflits. L'accès aux ressources générales et le libre accès aux importations de technologies et de matériaux verts sont des facteurs importants pour les efforts de réhabilitation durable de l'environnement.

En conclusion, les conflits et les blocus dans la bande de Gaza ont entraîné l'épuisement des ressources et ont également des conséquences sur l'environnement. Ces deux aspects nécessitent une action décisive et une coopération mondiale. Ce n'est qu'en s'attaquant à ces problèmes que les autres parties prenantes pourront restaurer l'écologie de Gaza et soulager les souffrances de sa population. Ce faisant, les parties prenantes pourront préparer Gaza et sa population à un avenir plus durable et plus prospère.

Relations internationales et questions humanitaires

La réponse aux défis humanitaires à Gaza à l'échelle internationale a indéniablement dominé la diplomatie et les causes militantes. De nombreux pays, ainsi que divers organismes internationaux, ont manifesté leur profonde sympathie face aux conditions humanitaires cruelles et ont lancé des appels pour que des mesures rapides soient prises afin d'atténuer les souffrances et la douleur et d'apporter une aide humanitaire aux personnes qui en ont besoin. Les Nations unies ont, pour l'essentiel, commémoré les souffrances et les besoins humanitaires de la population palestinienne résidant à Gaza et ont souvent accordé une priorité particulière aux besoins humanitaires de ces personnes. En outre, de nombreuses organisations internationales de secours, ONG et travailleurs humanitaires se sont efforcés de venir en aide aux personnes touchées qui sont exclues et manquent de ressources. Malgré cela, des obstacles insurmontables subsistent en raison du manque de fonds humanitaires suffisants ; de nombreuses personnes en détresse ne reçoivent pas l'aide et les services nécessaires. En outre, la catastrophe humanitaire s'est considérablement aggravée pour les personnes qui doivent faire face à une sous-alimentation chronique, à un manque de soins de santé et à des installations inadéquates en matière d'eau potable et d'assainissement. La communauté internationale a toujours été consciente de la nécessité de préserver les droits de l'homme afin de lutter contre les violations du droit international. En cas de violation du droit international, des appels ont été lancés en faveur de la protection des civils et de la fourniture d'une aide humanitaire.

Afin de relever les défis fondamentaux qui entravent la fourniture de l'aide humanitaire et de promouvoir des approches durables qui accordent la priorité au bien-être et à la dignité des communautés, des dialogues, des efforts diplomatiques et des forums multilatéraux ont été utilisés dans le passé et le sont encore aujourd'hui, et il semble qu'ils le seront également à l'avenir. Les défenseurs des droits de l'homme, les avocats humanitaires et les professionnels de l'éthique sont restés à l'avant-garde du débat, soulignant que la réponse aux crises humanitaires est à la fois un acte de compassion et de solidarité, qui nécessite une action décisive. Leurs arguments continuent d'être avancés au niveau international afin de solliciter un soutien en faveur de l'humanitaire et de la protection des droits humains, indépendamment des défis politiques ou géographiques. La situation humanitaire à Gaza est encore en cours d'évolution, et je pense qu'il est incontestable que la réponse internationale à cette situation est, jusqu'à présent, le facteur le plus déterminant pour l'avenir du territoire. Cette réponse est susceptible de modifier les politiques, de débloquer des ressources, voire de changer l'ensemble du cycle afin d'entraîner une transformation positive. Je pense que les raisons de traiter les questions humanitaires et d'alléger les souffrances sont extrêmement claires. En outre, les objectifs humanitaires communs qui prônent la fin de ces souffrances exigent une attention absolue et des efforts incessants.

Mécanismes technologiques de surveillance et de contrôle

L'intégration de systèmes de surveillance et de technologies de contrôle dans le domaine maritime a constitué un élément important de la stratégie d'Israël visant à affirmer sa domination et à restreindre les mouvements des navires palestiniens. Israël a mis en place un réseau de surveillance du domaine maritime utilisant des systèmes radar sophistiqués, des drones et des satellites. Ces technologies permettent une surveillance et un suivi en temps réel, ce qui permet de détecter et d'intercepter rapidement les navires qui tentent d'entrer dans les eaux contrôlées ou contestées par Israël. Les capacités de surveillance d'Israël sont renforcées par des systèmes d'hydrophones et de sonars qui permettent de surveiller les activités sous-marines. Ces systèmes, associés à d'autres technologies directement connectées à un système de commandement et de contrôle intégré, rationalisent les activités de contrôle dans l'estuaire, ce qui facilite à son tour des réponses rapides et décisives aux violations présumées ou aux mouvements non autorisés dans les régions revendiquées. En outre, les autorités israéliennes sont en mesure d'exercer un contrôle minutieux sur les mouvements et les opérations des ressources maritimes palestiniennes grâce à des systèmes biométriques qui rationalisent l'enregistrement, l'identification et le suivi des mouvements des pêcheurs et autres travailleurs maritimes.

Les mécanismes coercitifs de surveillance et de contrôle technologiques sont aggravés par l'ajout de systèmes de brouillage et d'interception des communications, qui limitent la capacité des navires palestiniens à se coordonner et à communiquer. Les systèmes de brouillage s'inscrivent dans un contexte plus large de contrôle, ce qui suggère que la communication fait partie intégrante de la stratégie mise en œuvre pour restreindre les activités palestiniennes en mer. L'autonomie et la sécurité des opérateurs palestiniens en mer sont compromises par le contrôle des systèmes de communication, qui est étroitement lié à la capacité d'exploiter des navires. Les barrières télécommandées et autres obstacles physiques, également télécommandés, situés aux principales entrées de la mer démontrent jusqu'où Israël est prêt à aller pour bloquer l'accès des Palestiniens à la mer. Ces systèmes sont équipés de capteurs et de systèmes de réponse automatisés, qui permettent à Israël de réagir rapidement aux tentatives non autorisées d'accès aux eaux contestées, renforçant ainsi sa capacité à en interdire l'accès. Les systèmes d'identification et de suivi électroniques installés sur les navires palestiniens permettent également une surveillance constante et la possibilité d'immobiliser à distance les navires s'ils s'écartent des limites territoriales ou opérationnelles définies ou s'ils se livrent à d'autres activités interprétées comme des violations. Les systèmes intégrés de surveillance et de contrôle d'Israël démontrent sa domination intentionnelle et sophistiquée sur les espaces maritimes et témoignent des relations actuelles avec les acteurs palestiniens dans le domaine de la pêche et d'autres activités maritimes, caractérisées par le contrôle et l'oppression.

Études de cas : l'étouffement des industries maritimes

Le manque de développement des industries maritimes dans les territoires palestiniens constitue une étude de cas utile et riche en informations sur les obstacles à plusieurs niveaux présentés par le blocage systématique d'Israël. La bande de Gaza a particulièrement souffert de l'incapacité à développer des activités maritimes, notamment la pêche ou même les infrastructures portuaires de base. L'industrie de la pêche en est un exemple poignant, les pêcheurs étant réduits à une petite partie du littoral, avec un accès partiel à des environnements marins stériles qui ne permettent pas d'obtenir des prises suffisantes. Les restrictions imposées par la marine israélienne ne limitent pas seulement le nombre de pêcheurs, qui est plus que doublé, mais plongent également des populations entières de Palestiniens dans des conditions de pauvreté croissante, les privant même de l'essentiel, à savoir la nourriture. Les instruments utilisés pour faire respecter ces frontières, tels que les patrouilles navales et la surveillance par satellite, créent un climat d'intimidation et de surveillance qui paralyse le développement et la croissance de toute entreprise maritime. Un autre exemple est le développement des installations portuaires et la capacité à développer et à servir le commerce, car ceux-ci sont en eux-mêmes des freins à la croissance.

Les restrictions délibérées sur les importations de matériaux et d'équipements de construction essentiels à l'amélioration des infrastructures portuaires, à la circulation des navires et à la manutention des cargaisons constituent des obstacles majeurs qui empêchent les territoires palestiniens de prospérer en tant que centre du commerce international. Cette pratique entrave l'autofinancement économique de la région et renforce sa dépendance vis-à-vis d'autres pays, aggravant ainsi les inégalités sociales et économiques. Ces études de cas mettent en lumière la zone économique côtière palestinienne et les industries du fret maritime. Le sous-développement d'une zone aussi vitale, qui pourrait offrir un centre commercial et des installations maritimes adéquates à toute la région, montre clairement la nécessité d'élaborer des stratégies visant à surmonter les obstacles croissants au progrès économique dans la région et dans le reste du monde. Les voies de résolution et de réparation doivent couvrir un spectre plus large afin d'inclure les domaines juridique, international et maritime des mesures proactives qui pourraient être prises pour aider ces industries. Les industries maritimes controversées, comme le montrent les micro-études de cas ci-dessus sur des situations de répression économique, nécessitent une réponse solide et coordonnée au niveau international, en grande partie en raison de l'absence de relations internationales amicales de base.

Voies de résolution et de réconciliation

Ce faisant, la quête de paix et de stabilité dans la région exige que nous explorions les quelques voies restantes, mais viables, vers la résolution et la réconciliation. L'environnement sociopolitique complexe de la région impose que toutes les approches soient suffisamment nuancées et sensibles aux préoccupations et aux ambitions de toutes les parties concernées. Au cœur même de cette quête se trouvent la reconnaissance des droits maritimes et la répartition équitable des ressources disponibles. La réconciliation est possible et réalisable dans le cadre de la diplomatie et du droit internationaux.

Une voie fondamentale exige que toutes les parties concernées s'engagent dans un dialogue et des négociations productifs. Il existe plusieurs moyens, tant dans le cadre d'une collaboration bilatérale directe que dans celui de la diplomatie en général, pour tenter de développer la confiance et la compréhension mutuelles. C'est pourquoi il est nécessaire d'engager un dialogue pertinent et ciblé qui ne se limite pas à la négociation de la paix et à la réparation des torts historiques, mais qui vise à définir une vision commune solide pour un avenir prospère, fondé sur la paix, la coopération et la coexistence.

En outre, la création de projets économiques communs et de partage des ressources peut également être extrêmement efficace pour favoriser l'interconnexion et l'interdépendance. Lorsque des systèmes économiques intégrés sont mis en place, les parties concernées peuvent contribuer à réduire les pressions économiques d'une approche à somme nulle, favorisant ainsi la création d'un environnement plus pacifique et plus propice à la réconciliation.

Par ailleurs, consacrer du temps à des initiatives éducatives et à des échanges culturels peut combler le manque d'empathie et de compréhension chez la jeune génération. Les bases d'une réconciliation durable peuvent être cultivées en favorisant une atmosphère d'acceptation et d'appréciation des différents points de vue.

Le soutien unifié de la communauté internationale, qui

comprend les principaux acteurs internationaux, apporte un soutien crucial à la promotion de mesures de confiance et d'initiatives de paix durables qui permettent aux acteurs régionaux d'être admis dans la communauté internationale, ce qui nécessite une paix au niveau régional.

La diplomatie parallèle et la diplomatie des interactions entre les peuples pourraient également être mises à profit pour informer les canaux de coopération et de dialogue. La réconciliation et l'instauration de la confiance sociale, qui servent à soutenir les dirigeants à la table des négociations diplomatiques, sont également assurées par les branches de la société civile et les mouvements locaux.

Le leadership qui, outre un dévouement sans faille, possède également l'imagination nécessaire pour favoriser les voies vers la paix durable recherchée dans la résolution, est au cœur de la volonté requise. La région peut être leur destination, coopérant et prospérant harmonieusement, à condition que les discours qui les accablent soient mis de côté pour permettre des efforts de conciliation et l'adoption de nouvelles approches collaboratives.

7
Le braquage de 2023
Octroi de licences à des géants étrangers dans des eaux contestées

Introduction à la controverse maritime

Les controverses maritimes, en particulier celles concernant les différends territoriaux toujours plus nombreux, ont toujours été parmi les sujets brûlants de ces dernières années. L'intégration de l'histoire, de la juridiction moderne et de l'économie dans ces zones semble générer plus de différends et de controverses que jamais. Chaque différend se résume à la question de la souveraineté territoriale, à celle de l'exploitation des ressources et à celle, tout aussi complexe, du droit international. Les parties prenantes à ces conflits et controverses sont généralement des États-nations, des acteurs régionaux et des parties prenantes étrangères qui se disputent des territoires maritimes stratégiques. Ces eaux contestées ne sont pas seulement des sources de tension dans la politique moderne. Elles présentent également un intérêt économique, car elles sont riches en ressources hydrocarbures et constituent des voies maritimes vitales. L'histoire complexe, notamment les divergences d'opinions sur certaines frontières et certains traités anciens, ne fait qu'enrichir et compliquer les conflits maritimes, compte tenu des centaines de revendications contradictoires. Le développement du droit maritime international, ainsi que l'application d'instruments tels que la Convention des Nations unies sur le droit de la mer (CNUDM), sont également des questions de longue haleine, qui rendent ces complexités encore plus complexes. Elles influencent la manière dont les pays exercent leurs aspirations en mer dans le cadre juridique international.

Il est important de connaître les différents aspects de ces controverses maritimes afin de comprendre leurs implications sur la stabilité de la région, l'énergie dans le monde, la probabilité de conflits et la capacité à les résoudre.

À cet égard, les différends nécessitent une exploration des faits historiques, des revendications territoriales actuelles et des motivations économiques qui sous-tendent les controverses maritimes dans les nombreuses régions du monde en litige.

Revendications historiques et juridictions contemporaines

Les types de questions géographiques et juridiques qui divisent les zones maritimes en eaux profondes s'étendent à travers le temps et l'Antiquité, et sont continuellement mêlées à des questions de propriété légale et de juridiction territoriale. Le cœur du problème réside dans les contradictions relatives à l'interprétation des traités, aux cadres de plusieurs domaines juridiques et à la nature géopolitique de la zone. L'époque de ces revendications s'étend sur plusieurs siècles. Il s'agit d'un récit riche et complexe de traités, de résultats militaires et de frontières qui ont changé et évolué. En effet, les revendications de propriété des eaux susmentionnées se sont enlisées dans un réseau complexe d'histoires et de cadres juridictionnels concurrents. Outre ces revendications concurrentes, les faibles tentatives pour statuer sur ces revendications sont toujours compliquées par la multitude de revendications contradictoires s'appuyant sur une série de chroniques et d'événements historiques qui servent à étayer ces revendications. À l'heure actuelle, les revendications de propriété sur certaines parties de la mer se sont rapidement multipliées en raison de l'accès à des technologies de pointe et de la capacité à extraire des ressources autrefois considérées comme trop difficiles à atteindre. Les questions relatives aux ressources, aux terres et à la sécurité ont encore compliqué les relations internationales entre une multitude d'États et ont créé des conflits profondément enracinés au sein d'un réseau de relations. Cependant, avec le temps, les approches et les stratégies utilisées pour soutenir ou contrer les revendications historiques, ainsi que la juridiction moderne sur les eaux maritimes, évoluent également. Les tensions étouffantes qui entourent les relations entre les parties prenantes sont encore aggravées par le désir incessant d'extraire des ressources des eaux contestées économiquement rentables et par les manœuvres excessives au sein des cadres complexes des relations internationales et des structures juridiques conçues pour régir les eaux et les parties de la mer qui sont possédées ou contestées.

Alors que l'on recherche des solutions justes qui permettraient de réparer les torts historiques tout en tenant compte des intérêts contemporains de toutes les parties prenantes, des obstacles inéquitables subsistent. Ces obstacles inéquitables nécessitent un raisonnement pointu. Ils exigent une diplomatie avisée ainsi qu'une compréhension approfondie des affirmations historiques multifacettes et des aspects juridiques actuels qui les accompagnent.

Considérations économiques relatives à ces eaux contestées

Les tensions géopolitiques qui persistent à l'heure actuelle se concentrent également sur la Méditerranée orientale et les eaux qui lui sont directement adjacentes. Ces zones sont riches en ressources naturelles, en particulier en hydrocarbures naturels, ce qui les rend importantes à l'heure actuelle. L'énergie qui peut être tirée de ces ressources peut servir de marchandise commercialisable. En tant que fournisseur mondial d'énergie, la Méditerranée orientale est une région précieuse et un centre du marché mondial de l'énergie, de sorte que la plupart des entreprises énergétiques sont désireuses d'investir dans ces zones. L'anticipation de la hausse des marchés mondiaux de l'énergie incite d'autres entreprises à investir des ressources dans un marché énergétique concurrentiel. Les réserves restent inexploitées et rigides. De plus, l'essentiel ne se concentre pas uniquement sur les réserves énergétiques potentielles situées dans la région. Comme mentionné précédemment, l'emplacement offre des opportunités liées au commerce et au développement, au transport et à la création de routes commerciales. Tous ces facteurs ont donc accru la valeur économique et l'intérêt provenant du monde entier, que ce soit dans la région ou dans le monde.

Cependant, l'intérêt économique accru a intensifié les tensions et les différends existants. Les revendications territoriales conflictuelles et le chevauchement des zones économiques exclusives ont accru les frictions qui existaient déjà entre les États et leurs revendications territoriales. La politique qui accompagne le contrôle de la région a modifié la structure géopolitique qui existait auparavant, permettant au monde d'assister à un réseau de conflits et d'alliances qui vont au-delà de la simple obtention de ressources.

Les tendances susmentionnées ne sont pas exclusives au monde économique, en particulier en cette période de griefs et d'ambitions démesurées. Les politiques mises en œuvre par les parties concernées reflètent la valeur économique de la région, qui est intimement liée à la position politique de celle-ci et constitue le cœur des interactions et des politiques proposées dans les négociations. Compte tenu de ces développements, l'une des questions clés pour apprécier le conflit dans la région est l'intérêt économique sous-jacent des eaux contestées. L'intérêt économique s'est entremêlé avec l'intérêt politique et les calculs géopolitiques, démontrant la complexité des enjeux. Il est essentiel de comprendre l'aspect économique du discours pour rechercher des solutions équilibrées, durables au niveau national et régional, qui traitent du lien entre la richesse en ressources, le pouvoir et la stabilité de la région.

Lois maritimes concernant la zone contestée

Les lois maritimes relatives aux eaux contestées sont un mélange d'énigmes juridiques, historiques et diplomatiques internationales. La revendication principale de presque tous les pays de la région est centrée sur la notion d'eaux territoriales, qui désigne la zone s'étendant jusqu'à 12 milles marins à partir du littoral d'un pays. Au-delà de cette zone, il existe une zone appelée zone économique exclusive (ZEE) qui peut s'étendre jusqu'à 200 milles marins et dans laquelle l'exploration et l'exploitation des ressources sont autorisées. Le cas des eaux contestées au large de Gaza est un exemple où la question de la juridiction est très sensible et fait l'objet d'une vive controverse.

Si la CNUDM est le document juridique le plus important concernant les frontières et les différends frontaliers en mer, la complexité des demandes portuaires dans le cadre de la CNUDM constitue un autre problème. De plus, l'application de la CNUDM tend à devenir problématique lorsque des nations puissantes poursuivent leurs intérêts dans des territoires très disputés.

Les revendications historiques contradictoires et les accords bilatéraux rendent l'application des lois maritimes dans la région assez difficile. Un exemple typique est le conflit entre les revendications d'Israël sur les ressources offshore de Gaza et celles des Palestiniens qui les revendiquent et les exploitent depuis longtemps. L'absence de frontière librement reconnue par les deux parties rend l'application des règles juridiques très problématique et sujette à différentes interprétations.

Outre la CNUDM, l'inclusion d'entités administratives locales et d'autres organismes internationaux ajoute une autre dimension à la gouvernance des lois maritimes. La géopolitique et les implications juridiques concernant la Méditerranée orientale deviennent encore plus complexes avec l'intervention d'organismes tels que la Ligue arabe et l'Union européenne. En outre, les différentes approches et interprétations du droit international coutumier par les différentes unités de la structure de gouvernance rendent le système d'application et de respect des lois maritimes dans les régions contestées encore plus complexe.

L'analyse de l'interaction des facteurs susmentionnés montre clairement que la gouvernance des lois maritimes dans ces territoires contestés n'est pas une tâche facile. Compte tenu de l'évolution de la situation, il sera de plus en plus important de comprendre les complexités juridiques, le contexte historique et l'environnement sociopolitique liés à cette question. La réalité est que le domaine maritime est extrêmement complexe. La combinaison des facteurs susmentionnés renforce la nécessité d'élaborer des cadres juridiques appropriés pour traiter ces questions maritimes transfrontalières complexes.

Protocoles d'octroi de licences : un réseau d'ambiguïté et de pouvoir

Dans le domaine des protocoles d'octroi de licences relatifs aux eaux contestées, l'attribution des droits de forage, des permis d'exploration et des accords de partage de production est aussi complexe qu'un voyage dans le brouillard et une bataille acharnée. Il est difficile de trouver un équilibre entre le droit et les cadres juridiques, politiques et économiques. Au cœur de cette bataille se trouve la question de la propriété et de l'autorité sur les frontières maritimes contestées. La lutte pour les protocoles d'octroi de licences est exacerbée par la lutte pour les ressources naturelles contestées. Plus une ressource couvre un territoire étendu, plus elle attire les convoitises. Compte tenu des facteurs susmentionnés, l'imbrication de la politique, des normes géopolitiques de manœuvre et des systèmes juridiques et commerciaux crée une tension dans l'ensemble des procédures d'octroi de licences. Chaque clause juridique, chaque décision et chaque contrat conclus dans une région ont le potentiel de modifier le marché de l'énergie dans cette région et de modifier l'équilibre géopolitique. Plus ces informations sont contrôlées, plus le Canada qui vend de l'énergie à d'autres pays en apprendra sur la situation du marché de l'autre pays et obtiendra un avantage concurrentiel. Dans une situation manipulable et exploitable, plus ces systèmes équilibrent le Canada, plus ils trouveront d'énergie à vendre et plus la région se déstabilisera. La plupart de ces avancées montreront que plus le centre est abusé, plus l'opacité des directives du portail s'érodera. Plus le Canada sera dominant, plus les négociants en énergie canadiens seront mécontents. Chacun de ces facteurs fonctionne selon un cycle, et plus les accords manipulables et les cadres stratégiques seront mis en place rapidement, plus l'énergie sera vendue sur le marché.

Les autorités palestiniennes ont également pour tâche de tenter de naviguer dans des politiques complexes et tortueuses afin d'obtenir une participation et une représentation dans un domaine monopolisé par des poids lourds. Les tentatives des autorités palestiniennes pour protéger leurs intérêts et leurs droits légitimes dans les eaux contestées sont compliquées par des obstacles administratifs et l'absence de cadres équitables. La situation sur le terrain, qui semble à première vue régie par des règles et des normes internationales visant à promouvoir la justice et l'équité dans l'octroi de licences d'exploitation, donne l'impression d'une lutte inégale dominée par des intérêts prédateurs et des manœuvres géopolitiques. La complexité de l'octroi de licences est donc une question qui exige de comprendre les obscurités juridiques, les contours des relations de pouvoir interdépendantes et concurrentes, ainsi que la dynamique des intérêts en jeu. Il ne fait guère de doute que le contrôle, l'exploration et l'extraction des ressources pétrolières dans les eaux contestées – la saga émergente de l'octroi de licences – dépassent, lorsqu'on les réduit à l'essentiel, les dimensions économiques pour devenir une lutte pour le pouvoir, le contrôle et l'hégémonie, entremêlée de conflits géopolitiques et de domination dans la région. Il est essentiel de saisir et de démêler cet enchevêtrement de pouvoir et d'opacités pour comprendre les répercussions et les conséquences sur la paix et la stabilité, l'équité et le contrôle que les mers de la région ont sur la paix et la stabilité.

Acteurs clés : L'émergence des géants étrangers de l'énergie

La bataille pour le contrôle des ressources naturelles dans les eaux contestées a suscité l'intérêt de certaines des plus grandes entreprises du secteur de l'énergie, surnommées les « géants étrangers de l'énergie ». Ces entreprises disposent des capitaux et des compétences technologiques nécessaires au développement et à l'extraction à grande échelle des réserves énergétiques offshore. Leur présence sur le marché mondial de l'énergie ajoute à la fragmentation déjà existante des calculs géopolitiques et stratégiques des parties prenantes dans ces conflits maritimes. La présence de géants énergétiques étrangers dans les régions maritimes contestées présente un paradoxe d'avantages et d'inconvénients pour toutes les parties prenantes concernées. Ces entreprises se concentrent économiquement sur le marché et l'acquisition d'un pouvoir substantiel dans le secteur énergétique, et ont donc une influence considérable sur l'issue de ces projets d'extraction. Elles ont une envergure et un champ d'activité soutenus par des bases de données contractuelles complexes, des systèmes d'exploration sophistiqués et des réseaux logistiques avancés. Les activités de ces entreprises, en particulier les frontières politiques légales de chaque nation, augmentent la zone d'intérêt des organismes de réglementation, des diplomates et des passionnés d'écologie.

Tout en s'alignant sur les objectifs particuliers de l'État, les sociétés énergétiques étrangères jouissent d'un degré d'autonomie et d'indépendance assez élevé, en partie du moins en raison de leur présence mondiale, qui leur permet de faire avancer leurs programmes et d'obtenir des conditions favorables. Dans ce contexte, les actions stratégiques et les partenariats établis par ces sociétés énergétiques étrangères peuvent modifier considérablement les estimations du pouvoir dans le contexte énergétique d'une région donnée et influencer la diplomatie et la répartition des ressources. En outre, les actions des sociétés énergétiques étrangères dans une région donnée peuvent également contribuer à exacerber le climat concurrentiel, ce qui peut aggraver l'escalade des conflits dans la région. Ainsi, les activités des sociétés énergétiques étrangères dans les zones contestées dépassent la simple logique économique et compliquent les relations entre souveraineté, ressources et relations internationales. Ces sociétés énergétiques étrangères, qui opèrent dans des zones contestées, incarnent les intérêts d'un pays à l'instar d'autres acteurs mondiaux, et leurs actions façonnent de manière spectaculaire la situation actuelle de la région maritime contestée.

Évolutions stratégiques d'Israël dans le domaine des licences

Dans le contexte de la Méditerranée orientale, la question de l'octroi de droits d'exploration et d'extraction des ressources pétrolières et gazières dans le cadre géopolitique contesté et sensible de cette région a pris une importance considérable dans les cadres stratégiques et politiques. Dans ce « domaine des licences », Israël, par une série de mesures défensives et stratégiques, cherche à contrôler les capitaux investis dans le stub (maritime, énergie et ressources) et dans les cadres délimités des territoires contestés.

L'élément stratégique du positionnement d'Israël, qui est l'un des pôles les plus critiques, consiste à utiliser les points de contact politiques et psychostratégiques des alliances et des domaines juridiques qui contribueraient à consolider la position d'Israël. Grâce à des accords bilatéraux et à des partenariats avec des acteurs de premier plan au sein du système mondial, Israël a tenté de garantir le caractère central du système juridique des eaux du Golfe. En ce qui concerne les points de droit alignés pour éclipser les pôles mondiaux, Israël a tenté de « panser les blessures » (atteindre l'équilibre) grâce au système géopolitique et à la politico-économie du pétrole et du gaz. De plus, Israël a su tirer parti de sa puissance économique et de ses innovations technologiques pour améliorer sa position sur le marché des licences. Israël a réussi à se présenter comme un partenaire souhaitable pour un certain nombre d'entreprises multinationales intéressées par la région, grâce à ses capacités avérées en matière de technologies de forage offshore et à sa capacité commercialisée à générer des profits importants. Cette stratégie de marque sert à accroître l'intérêt étranger et à consolider davantage la réputation d'Israël en tant que pays leader dans l'industrie énergétique maritime.

Au-delà de ces actions manifestes, Israël maîtrise depuis longtemps l'art du droit maritime international et des conflits frontaliers pour servir ses ambitions en matière d'octroi de licences. Israël aurait masqué ses actions et ses décisions relatives à la répartition des droits d'exploration dans les eaux contestées en utilisant à son avantage les failles juridiques. En construisant judiciairement le discours sur les licences et les développements qui l'entourent, Israël a réussi à persuader les décideurs d'autoriser une lacune juridique.

Les manœuvres d'Israël dans le domaine des licences dépassent les frontières juridiques et économiques ; des considérations géostratégiques entrent également en jeu. Il est important pour Israël d'obtenir des résultats géostratégiques grâce à l'octroi de licences afin de maintenir sa domination régionale et d'accroître sa concentration stratégique en Méditerranée orientale. Israël cherche à renforcer sa position stratégique dans le cadre du régime d'octroi de licences en acquérant et en contrôlant des régions clés en matière de ressources énergétiques. L'objectif principal d'Israël est de dominer la géopolitique énergétique de la région et de renforcer sa position géopolitique stratégique.

Ainsi, les activités d'Israël dans le domaine des licences illustrent l'interrelation géostratégique entre les structures juridiques, économiques et géopolitiques. De même, les orchestrations juridiques, économiques et phénoménales reflètent le fonctionnement complexe et stratégique d'Israël, étroitement lié aux idées clés du document. Elles sont révélatrices des répercussions géopolitiques régionales plus larges du document.

Problèmes auxquels sont confrontées les autorités territoriales palestiniennes

Le contexte et la portée des intérêts des autorités territoriales palestiniennes concernant les eaux litigieuses posent de multiples problèmes. L'un des plus importants est la domination des relations de pouvoir inégales au sein de la région entre la Palestine et Israël, qui influence tous les aspects des affaires et découle du fait que la Palestine est en position de défense. Ce déséquilibre peut fausser l'égalité à la table des négociations et le pouvoir de décision dont les autorités palestiniennes ont besoin pour défendre raisonnablement leurs positions. De plus, le fait que la Palestine soit davantage un quasi-État au niveau mondial n'aide pas et ne renforce certainement pas le pouvoir des autorités palestiniennes dans les engagements internationaux et la diplomatie. Par conséquent, la fragmentation des relations internationales palestiniennes et l'absence de ce que l'on appelle une « gouvernance rationalisée de la mer » deviennent la cause des difficultés auxquelles sont confrontées les autorités palestiniennes. Des stratégies peu efficaces pour l'attribution et le contrôle des droits territoriaux maritimes à l'intérieur des frontières de la Palestine rendent inapplicable une grande partie de la gestion proposée, en particulier le contrôle. En outre, les autorités palestiniennes dans le contexte de Gaza sont confrontées à de multiples problèmes dans l'exploitation de leurs ressources maritimes en raison du blocus imposé à Gaza par Israël. Ce blocus a entraîné un manque d'accès aux instruments, à la technologie et au personnel nécessaires, ce qui a rendu impossible pour les autorités palestiniennes d'explorer et d'exploiter pleinement leur territoire maritime.

Les dirigeants palestiniens rencontrent d'autres difficultés pour atteindre des objectifs cohérents en matière de modèle maritime, et ce non seulement en raison de la politique maritime. Les intérêts contradictoires entre les différentes unités de gouvernance palestiniennes peuvent entraîner une paralysie stratégique à n'importe quelle étape du développement et de la gestion des cadres maritimes. En résumé, les autorités palestiniennes sont en difficulté dans ces eaux complexes et contestées en raison de défis multiples et complexes qui nécessitent une résolution habile des problèmes pour atteindre les objectifs maritimes généraux.

Réactions et préoccupations internationales

Le conflit dynamique en Méditerranée orientale est au cœur d'un débat animé et multiforme et suscite de nombreuses préoccupations, que les ambassades et les acteurs internationaux suivent de près. Les affrontements prolongés autour des passages territoriaux ont des conséquences géostratégiques qui préoccupent les diplomates de nombreux pays.

En ce qui concerne le conflit frontalier en Méditerranée orientale, les États membres de l'Union européenne s'inquiètent de plus en plus de l'impact potentiel des accords de licence disproportionnés. En l'absence de toute mesure visant à imposer la paix à la frontière, le bloc se concentre sur le maintien d'un équilibre entre les parties au conflit et la reconnaissance des droits de chacun. L'accent est également mis sur le renforcement des relations internationales dans la région entre les membres de l'Union. Le dialogue et le recours à la diplomatie pour résoudre les différends sont très demandés.

En revanche, les États-Unis ont adopté une approche modérée et pragmatique, arguant de la nécessité d'assurer l'ordre et la sécurité dans la région. Les diplomates américains ont tenté de maintenir un partenariat stratégique avec Israël tout en reconnaissant les préoccupations légitimes des autorités palestiniennes. Dans le même temps, les États-Unis ont plaidé en faveur de résultats raisonnables et équitables qui servent les intérêts de toutes les parties concernées.

En outre, les États voisins, à savoir l'Égypte, la Jordanie et la Turquie, ont accordé une attention particulière aux changements survenus en Méditerranée orientale, conscients de la dynamique géopolitique locale et des possibilités économiques. Chaque État a défini ses intérêts et ses enjeux concernant le conflit maritime, ce qui a donné lieu à un ensemble dense et complexe de positions et d'actions qui se chevauchent afin de protéger les intérêts nationaux et de favoriser la stabilité régionale.

La Russie et la Chine, en revanche, ont souligné la nécessité de se conformer au droit international et de respecter les droits de souveraineté dans le cadre du conflit maritime qui s'aggrave. Les deux pays ont encouragé une approche multilatérale et des moyens diplomatiques pour apaiser les combats et parvenir à des propositions équitables, raisonnables et inclusives.

Les inquiétudes concernant l'équilibre fragile de la région

de la Méditerranée orientale sont largement partagées, la perspective d'un conflit et d'une instabilité étant particulièrement préoccupante du point de vue de la paix et de la sécurité mondiales. Ainsi, alors que la communauté internationale est profondément préoccupée par ces développements, elle semble de plus en plus disposée à prendre des mesures décisives pour empêcher une nouvelle escalade des conflits et rechercher la paix par le biais de négociations appropriées et du respect des principes juridiques pertinents.

Conclusion : évolution de la situation et implications pour l'avenir

Maintenant que nous avons examiné les réactions et les préoccupations internationales concernant l'octroi de licences à des géants étrangers dans des eaux contestées, nous devons analyser l'évolution de la situation et ses implications futures. L'enlisement du paysage géopolitique nécessite une réflexion approfondie sur les conséquences probables et les différents résultats possibles qui pourraient découler de ces développements.

Évolution de la dynamique

L'équilibre des pouvoirs et des influences dans la région a certainement été affecté par la présence de sociétés énergétiques étrangères dans les territoires maritimes contestés. Cette évolution modifie non seulement les évaluations stratégiques des principales parties prenantes, mais ajoute également de nouveaux niveaux de concurrence et de coopération. Les différends historiques sont désormais modifiés par les intérêts économiques et géopolitiques d'acteurs extérieurs. Cela nécessite une nouvelle évaluation des approches actuelles.

Les parties prenantes régionales et internationales joueront un rôle crucial dans l'orientation future du conflit. La répartition et l'exercice du pouvoir, ainsi que les collaborations mises en place, guideront les politiques étrangères et intérieures de l'État. Ces politiques répondent aux changements dans la région, et les changements dans la région répondent aux politiques mises en place. Les politiques, la région et les changements sont tous des facteurs déterminants pour la stabilité de la zone. Ces changements se reflètent également dans l'évolution des moyens de subsistance et des aspirations des populations locales, un aspect crucial de la situation qui nécessite une attention particulière à travers le prisme de la géopolitique nationale.

Implications futures

Les conséquences du braquage de 2023 et les privilèges accordés par la suite au géant étranger vont bien au-delà de ce que les avantages ou les pertes économiques actuels peuvent indiquer. La gestion des ressources, la protection de l'environnement et la forme d'autodétermination pourraient également être affectées. C'est donc la raison pour laquelle il est important de comprendre les scénarios existants et l'impact qu'ils pourraient avoir compte tenu de la situation actuelle.

Du point de vue des affaires publiques, ces conséquences sont disproportionnées par rapport aux négociations bilatérales et multilatérales nécessaires pour régler les demandes et les revendications des parties concernées. L'évolution des ressources énergétiques en Méditerranée orientale soulève des préoccupations tout aussi valables concernant l'éthique de la distribution des ressources, les paradigmes de coopération et la faisabilité d'avantages pour toutes les parties concernées. Les autres aspects liés à la stabilité de la région, ainsi qu'à la dynamique de sécurité et à la réalisation de la justice, sont d'autant plus pertinents dans le contexte de ces conséquences.

La fin de cette conversation nécessite encore une surveillance, des actions et une conversation nuancée. Nous devons anticiper des répercussions continues et, dans certains cas, complexes, qui nécessitent une approche multiforme et éthiquement responsable qui valorise la conversation et le dialogue, une volonté de mettre de côté les gains immédiats et faciles, et une attention particulière à ce qui sera durable à long terme. Les leçons tirées ici permettront aux pages de l'histoire de continuer à aller de l'avant vers l'équilibre, l'équité et une paix durable.

8
Le rêve riviera de Trump
Réinstallation et contrôle des ressources

Vision d'un nouveau Moyen-Orient – Décortiquer les ambitions

Le concept d'un nouveau Moyen-Orient, actualisé par rapport à son contexte historique, résulte d'un ensemble d'objectifs qui vont au-delà de la simple politique. Il met en avant l'histoire économique et sécuritaire de la région en tentant de modifier sa réalité géopolitique et le paysage géopolitique mondial. Le nouveau Moyen-Orient est une tentative de transformation de cette région. Il repose sur la reconfiguration des nouvelles alliances et relations que les pays de la région établiront. L'ambition est de faire de cette région le centre de la prospérité économique et de l'innovation. Cette ambition va au-delà de l'audace. Elle combine les domaines de la diplomatie, du commerce, de la technologie, de la culture et des personnes, ce qui est le résultat souhaité. Elle englobe la création d'un réseau de pays partageant des intérêts et des objectifs communs, liés par la coopération. Une analyse des territoires inexplorés dans le cadre de ce paradigme proposé renforce et consolide les besoins stratégiques et les objectifs ultimes visant à relever les défis de la région. L'analyse de la politique de la région mettra en évidence à la fois les opportunités et les défis qui sont pertinents pour ses objectifs politiques.

Fondements de la diplomatie : Repositionnement stratégique

À mesure que le réalignement du paradigme géopolitique du Moyen-Orient s'enracine, les fondements de la diplomatie jouent un rôle essentiel dans le repositionnement du paradigme mondial. Alors que les parties prenantes repositionnent leurs dépendances et leurs attentes, la diplomatie sert de moyen pour établir de nouveaux partenariats et transformer les anciens. Ce chapitre explore le réseau complexe du réalignement diplomatique et la navigation des changements stratégiques au cœur de la nouvelle vision pour le Moyen-Orient.

Ce repositionnement stratégique repose sur un réseau complexe de partenariats historiques, de constellations géopolitiques régionales et de contraintes économiques mondiales. Les États opèrent dans un contexte marqué par des hostilités anciennes et des alliances changeantes, s'efforçant d'obtenir des positions avantageuses sur le plan économique et sécuritaire. Les disparités régionales s'entremêlent dans cette toile, créant une mosaïque diplomatique complexe sur fond géopolitique plus simple.

La diplomatie modifie lentement et prudemment les contours des alliances, marquant ainsi l'évolution du paysage diplomatique. Les principaux acteurs s'engagent dans des discussions reformulées qui visent à réorganiser le centre du monde.

La diplomatie redéfinie implique des forums multilatéraux, des relations bilatérales et même des accords privés, qui visent tous à synthétiser une nouvelle configuration sur la scène moyen-orientale. Les nouveaux paramètres établis dans cette arène sont principalement axés sur la diversification économique et la consolidation des ressources en cours. Les nations tentent de promouvoir leur politique étrangère afin d'obtenir des routes commerciales vitales, des pays riches en ressources et des zones maritimes clés. Dans le même temps, les subtilités de la diplomatie énergétique sont sous-tendues par les ambitions géopolitiques globales du monde, qui font des zones riches en ressources l'objet d'une diplomatie animée. Dans ces circonstances, le cœur de la diplomatie devient de plus en plus urgent, avec pour objectif de moderniser la coopération et la concurrence sous diverses formes au sein de la région. Cet aperçu constitue le point central de l'intérêt, car les considérations économiques agrégées, qui sont de nature géopolitique, sont sensibles et soigneusement équilibrées, insistant sur la redéfinition de la nature insaisissable de la diplomatie. De la même manière, ces histoires de remaniements en suspens dans une direction de réalisme politique et de géostratégie remettent en question de manière indécise la volonté d'un État de dompter une dynamique fondée sur un nouvel ordre dans une région, défendant la fusion tant recherchée entre aspiration et pragmatisme. La vision régionale évolue à chaque nouvelle activité diplomatique et à chaque nouvelle réorganisation géopolitique, qui résulte de changements tectoniques dans l'équilibre des pouvoirs.

Au cours de cette période de grands changements, la diplomatie apparaît comme fondamentale et continue de guider l'évolution de la géopolitique du Moyen-Orient, tout en ouvrant la voie à de nouvelles formes de coopération, jamais imaginées auparavant, entre d'anciens ennemis.

Attrait économique : Envisager la prospérité méditerranéenne

Les aspirations des différentes parties prenantes à la prospérité méditerranéenne présentent à la fois des opportunités et des défis. La région, entourée par la Méditerranée au sud et les pays riches en pétrole et en ressources du Moyen-Orient au sud-est, présente un potentiel indéniable pour l'exploitation des ressources naturelles et la revitalisation de précieuses routes commerciales. Des opportunités inégalées de richesse portable attendent la Méditerranée. L'exploitation des ressources naturelles de la région, associée à la situation géographique stratégique de la Méditerranée, suscite l'intérêt des acteurs du marché désireux de stimuler l'activité économique et la stabilité dans une région particulièrement instable.

Au cœur de ce « rêve » se trouvent les gisements de gaz offshore attendus et le potentiel d'expansion du marché énergétique national, les prémices d'un marché énergétique dynamique et l'expansion du marché du gaz grâce à l'existence de ressources énergétiques abondantes à exploiter pour l'exportation. Envisagée par les puissances régionales, la diversification économique doit être réalisée grâce à des investissements dans des infrastructures modernes, des voies de transit renforcées et des services portuaires rationalisés, qui faciliteront la circulation transfrontalière des biens et des services.

De même, l'attrait de la prospérité méditerranéenne n'est pas purement économique, car il implique une collaboration, une compréhension et des relations potentielles, axées sur la paix, avec des pays historiquement en proie à des conflits et à la méfiance. Cette initiative a le potentiel de renforcer la coopération régionale en stimulant l'engagement économique et le développement.

La recherche de la prospérité économique en Méditerranée soulève des questions délicates de gouvernance et d'utilisation responsable des ressources et des matériaux, ainsi que de pression excessive sur l'environnement. L'élaboration de politiques économiques appropriées axées sur la paix et la croissance durable est essentielle pour la région. Ces politiques, caractérisées par une vision économique sans précédent, contribueront à prévenir les politiques incontrôlées et égocentriques qui exacerbent les souffrances des personnes touchées par les conflits.

L'attrait économique repose sur l'attrait complexe de la région, qui réside dans la coordination interne de la gouvernance selon des critères d'équité englobant toutes les parties de la région, flattant ainsi la lignée. En outre, la coopération régionale et mondiale doit être développée afin de résoudre les déséquilibres et les conflits qui surgissent et de favoriser l'équité et l'équilibre dans la croissance économique.

À la lumière de ces considérations, le concept de prospérité méditerranéenne est en effet complexe, car il combine des facteurs économiques, géopolitiques et socioculturels et souligne la nécessité de poursuivre de manière globale et coopérative la prospérité inclusive et durable de la région.

Infrastructures et développement : Ouvrir la voie

La fourniture et la gestion des infrastructures d'une région sont un aspect essentiel de la configuration socio-économique de celle-ci. Dans la région méditerranéenne, où les ambitions de prospérité se confondent avec les réalignements géostratégiques, le concept d'infrastructure dépasse largement les simples frontières physiques et logistiques. Il implique un ensemble complexe de systèmes et de services conçus pour promouvoir le développement économique et social et l'utilisation rationnelle des ressources d'une région. La vision du « nouveau Moyen-Orient » impose à la région d'accorder une importance primordiale à ses infrastructures et à son développement. Des infrastructures modernes, solides et interconnectées, dépassant les objectifs économiques, sont une condition préalable à la paix et à la stabilité.

Les projets d'infrastructure à une telle échelle nécessitent une planification avancée ainsi qu'une connaissance régionale de la durabilité sociale, environnementale et économique. Nous devons trouver un équilibre entre ces facteurs concurrents et tout aussi importants. Les projets de mise en œuvre et de construction ambitieux prévus pour la région méditerranéenne offrent de nombreux défis et opportunités. Ces défis et opportunités vont de la planification territoriale à grande échelle pour l'expansion urbaine, les voies ferrées et les centres portuaires, aux systèmes de conduites d'énergie, aux intersections des réseaux d'information numériques et aux systèmes de transit frontalier, en passant par une réévaluation plus simplifiée de l'ensemble du système de gouvernance de l'État, des lois et du système d'investissement. L'utilisation des investissements pour le développement durable des infrastructures, l'innovation, la compétitivité et les investissements directs étrangers (IDE) peut être considérée comme un résultat positif. Un développement plus complet des systèmes intégrés de transport et de logistique peut conduire à une diminution des barrières socio-économiques au commerce et favoriser l'augmentation des échanges commerciaux et l'intégration régionale, ainsi que la cohésion socio-économique. Un système énergétique plus complet, associé à des sources d'énergie renouvelables et à l'exploitation d'autres ressources naturelles de l'écosystème, peut offrir des possibilités en matière de sécurité énergétique, ainsi que de collaboration et d'avantages mutuels.

Dans ce contexte, il est essentiel d'évaluer l'implication des parties prenantes, des partenariats public-privé (PPP) et d'autres cadres à plusieurs niveaux. Ces cadres et les projets mis en œuvre peuvent être précieux pour fusionner différents objectifs, utiliser les connaissances et fournir un résultat équitable à une couche plus large de la population. Ces cadres et projets doivent être contrebalancés par une autogestion des disparités locales en matière de technologie, de cadres de développement durable et de ressources éducatives afin de promouvoir l'égalité en matière de développement. La conception de systèmes d'autogouvernance avec une responsabilité mutuelle est également importante pour fixer des limites aux possibilités de déviation telles que la mauvaise allocation des ressources, les ingérences malveillantes et les influences.

Pour concrétiser ces aspirations, il est nécessaire de poursuivre les progrès technologiques et leurs applications.

Les investissements dans les infrastructures intelligentes, la numérisation et les technologies vertes amélioreront la productivité opérationnelle tout en favorisant la durabilité environnementale et en stimulant les économies fondées sur la connaissance et la création d'emplois. Les programmes de résilience climatique et de préparation aux catastrophes, qui sont des mesures protectrices et proactives visant à se prémunir contre les catastrophes naturelles tout en garantissant la continuité opérationnelle et la sécurité des vies et des moyens de subsistance, sont essentiels.

La fusion méditerranéenne des infrastructures et du développement offre un cadre transformateur très prometteur, mais qui comporte des défis durables. L'élaboration d'une approche cohérente des aspirations, des connaissances et des capitaux permettra d'orienter ce voyage vers le développement, la prospérité et une paix durable.

Politiques de réinstallation : Façonner les réalités démographiques

Dans le contexte de l'évolution démographique de la région, les politiques de réinstallation sont mises en œuvre comme une stratégie controversée et complexe. Le concept de réinstallation est considéré dans le cadre de la politique, de l'économie et de la dynamique de la sécurité, ce qui le rend difficile à mettre en œuvre.

Pour les dirigeants actuels, la réinstallation pourrait modifier stratégiquement la composition actuelle de la population dans une zone donnée. Grâce à la réinstallation de la population, le gouvernement entend contrôler la zone et ainsi renforcer ses revendications tout en contrant la démographie historique. Les changements démographiques visés sont susceptibles de modifier la structure sociale et culturelle de la zone cible.

La question du contrôle du territoire est au cœur des politiques de réinstallation. La réinstallation ciblée d'individus et de communautés permet de contrôler les structures démographiques fragmentées. Dans le cas d'une réinstallation physique, les conséquences impliquent un changement d'identité et de loyauté. Les installations proposées pour les personnes déplacées s'inscrivent clairement dans une stratégie plus large visant à contrôler le territoire et à façonner son avenir.

En outre, le débat sur les politiques de réinstallation a une incidence sur ces dernières. Sur le plan éthique, l'analyse de la situation des personnes déplacées à la frontière nécessite l'élaboration de cadres de protection. Tout cadre visant à protéger les personnes contre le déplacement nécessite une stratégie très sophistiquée en matière de droits de l'homme qui aborde ces questions ainsi que les droits fondamentaux de ceux que nous considérons comme étant concernés par ces questions.

Outre les dilemmes sociopolitiques, les politiques de réinstallation s'alignent sur les activités économiques et le contrôle des ressources. Le contrôle délibéré des populations est lié à la stratégie visant à prendre le contrôle des ressources essentielles et des régions commerciales, ce qui accroît la rivalité et affecte l'équilibre des échanges commerciaux. Le mouvement de population qui en résulte modifierait la répartition de la population, l'organisation des interdépendances complexes entre acheteurs et vendeurs, la circulation des biens et/ou le démêlage des interdépendances du contrôle économique, ce qui modifierait l'équilibre des échanges commerciaux.

En fin de compte, l'impact des politiques de réinstallation est défini par l'évaluation de la géopolitique, qui n'inclut pas le cadre des politiques. Se concentrer sur l'essence des mouvements de population complique la relation entre les troubles régionaux et les changements dans la cohabitation, la survie, les interrelations et le besoin d'équilibre.

Allocation des ressources : Contrôle par le commerce

Alors que le débat sur le paysage politique instable se poursuit, il est important de noter que l'allocation des ressources reste un élément clé du contrôle et de l'influence. La gestion et la distribution des ressources peuvent servir d'instruments de contrôle pour déterminer et affirmer les relations géopolitiques. Comme dans le cas envisagé de la réinstallation et de l'imposition du contrôle des ressources, il est nécessaire d'explorer les moyens par lesquels le commerce devient un canal concret, profond et complexe de pouvoir et d'autorité. L'allocation, la distribution et le contrôle des ressources ne sont pas seulement des activités logistiques, ce sont des outils de gouvernance et de contrôle politique dans des contextes conflictuels et contestés.

Les réserves de terres, d'eau et d'énergie constituent des ressources vitales, et leur contrôle s'inscrit dans une géoéconomie politique plus large, croisée avec des desseins territoriaux. De plus, le contrôle et la manipulation des activités commerciales et commerciales servent à créer des dépendances et, par conséquent, à contrôler les relations interrégionales. Dans ce cas, l'allocation des ressources devient de plus en plus importante en tant que prolongement du pouvoir politique et des aspirations à contrôler la région.

En examinant la circulation et l'allocation des ressources, il apparaît clairement que le contrôle par le commerce n'est pas seulement une question d'avantages matériels, mais aussi de contrôle et de supériorité dans la région.

L'impact économique de la concentration sur des industries et des communautés spécifiques se traduit par une modification de la population et des conditions socio-économiques, ainsi que de la structure sociale de cette zone. En outre, le changement naturel des ressources peut aggraver certains des problèmes environnementaux déjà présents dans cette région. Ces problèmes s'ajoutent au système déjà complexe de contrôle de ces ressources. Ils soulèvent également des questions de justice sociale en termes d'accès et de contrôle du développement de ces ressources. Cela montre l'impact du contrôle commercial de ces ressources dans une région.

Pour simplifier, ces aspects du contrôle soulèvent un besoin immédiat de comprendre les rôles du capital privé, du gouvernement et des relations internationales dans le système. Le chevauchement de ces relations met en évidence les intérêts économiques et politiques qui contrôlent la domination de ces ressources et modifient le mode de vie des populations de la région. Le contrôle qu'une entité privée peut exercer sur les lois de zonage et l'intention derrière ces investissements influencent à la fois les marchés internationaux et locaux. La manière dont ces ressources sont allouées aux centres de décision généraux et les actions qui en découlent démontrent qu'il y a bien plus que le commerce derrière les motivations qui unissent ces pays. Il s'agit d'un équilibre entre la domination politique et économique.

L'impact et l'équilibre de ces motivations doivent être pris en compte. Les lacunes du cadre doivent être comblées afin d'améliorer la cohésion. Cela permet de mieux comprendre l'impact du contrôle commercial sur la répartition des ressources.

Pour déchiffrer les actions et les stratégies associées à l'histoire de la réinstallation et du contrôle des ressources, il est nécessaire de comprendre les innombrables interconnexions et les relations de pouvoir qui structurent l'organisation de la distribution des ressources. À cet égard, la connaissance des complexités et des conséquences du contrôle des ressources par le commerce permet de mieux comprendre le contexte géopolitique et les objectifs sous-jacents qui motivent la transformation de la région.

Répercussions diplomatiques : Impacts régionaux et mondiaux

Comme dans de nombreux exemples de réinstallation et de contrôle des ressources résumés dans le « rêve de la Riviera », il n'est pas simple de comprendre et de démêler l'écheveau des relations diplomatiques locales et internationales qui l'entourent. Celles-ci sont, à bien des égards, « pertinentes » pour la question israélo-palestinienne. Elles sont pertinentes au-delà du Moyen-Orient. Le sud-est de la Méditerranée est un creuset d'ambitions économiques et géopolitiques. Il s'agit d'un impératif diplomatique et de stabilité non seulement pour les acteurs directs, mais aussi pour le système international. La gouvernance touche directement le Liban, la Syrie, l'Égypte, Chypre et la Turquie. Ces pays sont considérés comme des « voisins » de la zone concernée. Leurs relations sont aussi complexes qu'une structure destinée à retenir des plumes tandis qu'un coq se plonge effrontément dans un feu de joie. Elles découlent d'un entrelacement sophistiqué et d'un « système » de pouvoir, d'une histoire hostile et d'économies dépendantes. Le conflit est centré sur les frontières maritimes intérieures, les ressources et les différends territoriaux. Les États-Unis, la Russie, la Chine et l'Union européenne, ainsi que d'autres pays du BRICS, sont également préoccupés par cette tendance à l'échelle mondiale. Il s'agit de groupes de participants particulièrement actifs qui suivent les tendances en matière d'investissements économiques, de ressources énergétiques et de défis géopolitiques affectant le rôle stratégique de la région méditerranéenne dans la diplomatie mondiale.

On pourrait donc affirmer que l'importance du « rêve de la Riviera » dépasse largement le cadre des spéculations académiques. En réalité, ces rêves contribuent à stimuler la dimension internationale du « rêve de la Riviera » en lien avec les problèmes urgents et complexes de la réinstallation et de la gestion des ressources. Toute action ou politique proposée devra être mûrement réfléchie et détaillée afin de refléter les relations et les conséquences internationales possibles et de grande envergure qu'elle implique. En outre, la divergence des intérêts et des points de vue est essentielle à toute diplomatie proactive qui vise à encourager la compréhension, la collaboration et la paix. Les conflits que crée le « rêve de la Riviera » nécessitent des évaluations complexes du « rêve de la Riviera », ainsi que des ressentiments historiques, des réalités sociopolitiques et même des rêves des parties concernées. Les mesures proposées, qu'elles passent par la diplomatie internationale, des initiatives multilatérales ou des négociations asymétriques, doivent tenir compte des impacts cumulés des relations internationales et de la région afin de fournir des résultats favorables et équitables.

Critiques et défenseurs : Analyse de l'opinion publique

Dans le contexte du « Riviera Dream » de Trump, les opinions publiques sur les politiques proposées en matière de réinstallation et de contrôle des ressources ont tendance à diverger. D'un côté, les détracteurs affirment que les politiques de réinstallation proposées sont non seulement contraires à l'éthique, mais aussi controversées et assimilables à un déplacement, ce qui constitue une violation des droits de l'homme. Ils soulignent également les inégalités sociales et économiques et les injustices sociales que créent les programmes de réinstallation. En outre, les détracteurs remettent en question les motivations premières de cette stratégie et du contrôle des ressources, s'interrogeant sur leur équité et leur justice fondamentales. Cette section analyse en détail les détracteurs et leurs arguments. De l'autre côté du débat, les partisans du projet affirment qu'il est susceptible d'apporter développement économique et croissance à la région concernée. Ils soutiennent que les politiques de réinstallation proposées, si elles sont correctement planifiées et mises en œuvre, contribueront à créer des établissements économiquement solides et développés. Les partisans du plan encouragent également le contrôle des ressources et affirment qu'il peut générer des fonds pour le développement des ressources et d'autres initiatives.

À cette fin, les partisans du projet citent des exemples d'autres régions où des projets comparables ont amélioré la qualité de vie et accru les chances de paix. Cette section, à travers une critique thématique, vise à examiner à la fois les arguments en faveur et les arguments contre, révélant ainsi la complexité des points de vue opposés. Cet article tente de donner au public un aperçu des politiques proposées et de la manière dont l'opinion publique s'est divisée à la lumière des arguments et des contre-arguments avancés par les détracteurs et les partisans des propositions.

Analyse comparative : Précédents historiques et parallèles

Le contexte des conflits territoriaux et démographiques actuels dans la région est assez similaire. L'analyse des précédents et des parallèles historiques permet de mieux comprendre les questions complexes et les opportunités qui découlent de ces questions. Si l'on considère les conflits comparables à l'échelle mondiale, le contrôle des ressources et la réinstallation de populations qui en découle constituent dans la plupart des cas un mélange complexe de politique, d'économie et d'actions humanitaires. On peut citer comme exemple la partition de l'Inde en 1947, qui s'est caractérisée par des changements démographiques, des conflits frontaliers et les plus grandes migrations au monde. Cette provocation et les conflits et tensions qui en ont résulté ont façonné la perspective géopolitique de l'Asie du Sud jusqu'à aujourd'hui. Un autre cas similaire est celui de la deuxième carte postale du monde, la péninsule coréenne, vestige de la Seconde Guerre mondiale. Même aujourd'hui, elle se caractérise par des tensions et des négociations complexes pour une population divisée et un contrôle territorial confus. Dans l'histoire, ces cas ont été utilisés pour démontrer les effets négatifs et prolongés des déplacements et des ambitions territoriales. En outre, les guerres des Balkans des années 1990 offrent des enseignements importants sur la gestion des conflits ethnonationaux et la période difficile de la réconciliation post-conflit. Les vestiges de ces guerres illustrent l'approche nécessaire pour résoudre les problèmes historiques, ainsi que les différends nés des revendications sur les ressources et les terres.

L'analyse de ces événements historiques nous permet d'identifier des schémas de déplacement et de souveraineté contestée, ainsi que des conséquences démographiques provoquées. Comprendre ces exemples dans un cadre plus large nous aide à saisir la complexité de la situation actuelle et à concevoir des approches pour une paix et une stabilité durables. De telles comparaisons sont très importantes pour les décideurs politiques, les chercheurs et les groupes de défense des droits afin de démêler les complexités des conflits fonciers et de réinstallation, ainsi que le contrôle des ressources dans les zones touchées par les conflits.

Analyse comparative : Précédents historiques et parallèles

Dans le contexte israélo-palestinien, la résolution du conflit nécessite d'examiner les caractéristiques géopolitiques, sociales et économiques sous-jacentes de la région. Les changements actuels dans les rapports de force au niveau des relations internationales et des conflits restent des facteurs déterminants, que les spécialistes des relations internationales doivent étudier. Pour élaborer des scénarios futurs possibles, il est nécessaire d'analyser le contexte passé et contemporain, les réalités de la situation et l'équilibre entre les lignes dites « dividendes de la paix » et les lignes de conflit historiques. À partir de ces variables, il convient d'analyser les résultats possibles du point de vue des cadres décisionnels actifs en droit international public, tels que la sécurisation constructiviste et les intérêts des communautés internationales engagées.

Une paix durable, telle qu'envisagée dans le règlement du conflit en Asie du Sud-Ouest, doit résoudre les relations sociales et politiques découlant de l'émotion historique et de l'ethnonationalisme qui accompagnent le conflit, le règlement de la question des réfugiés, la répartition et le contrôle des ressources vitales, et la reconnaissance de l'État dans le cadre et au-delà de l'indépendance politique interdépendante de la région. Ce contrôle s'inscrit dans le cadre des intérêts stratégiques externes présents dans la région et de la configuration des arrangements internes, y compris les alliances régionales. La paix démocratique qui découle de la position de réflecteur mondial de tout règlement international des conflits est l'indépendance des lignes de conflit et d'hostilité.

Tout aussi importante pour la paix potentielle est l'évaluation des points d'escalade et des déclencheurs susceptibles d'aggraver les frictions déjà existantes. La manière dont les subtilités de la dynamique sociopolitique des territoires palestiniens, d'Israël et des pays voisins rivaux façonnent les contours de la guerre, de la paix et de la diplomatie est essentielle. Des facteurs tels que l'évolution des idées, des populations et des économies liées au conflit ont une incidence sur tous les éléments susmentionnés.

Il ne faut pas oublier que le conflit israélo-palestinien et sa résolution ne sont qu'une fraction des implications plus larges de la situation mondiale. Ses conséquences constituent un point de référence pour toute la région. La situation mondiale, la perception de la justice et les minces fils de la paix et de la coexistence qui risquent de se rompre soulignent tous la nécessité d'un monde plus prospère. Il y a également la question des conflits et de la paix potentiels. Cela nécessite une évaluation plus approfondie de la situation. Il convient de faire appel à des points de vue diversifiés et de mettre sur la table les leçons tirées de l'histoire. Nous devons examiner de près les relations de pouvoir et les incitations accordées aux acteurs concernés.

Après tout cela, nous pouvons encore nous poser la question suivante : quelles sont les perspectives de paix ? Devrions-nous les qualifier de décourageantes ? Peut-être. Si tel est le cas, nous devrions simplement nous préparer à de nouvelles initiatives diplomatiques qui prennent en charge les défis, les complexités et les possibilités d'une coopération plus large, tout en restant plus faciles à atteindre.

9
L'écho de Netanyahu
Nettoyage ethnique et ambitions de colonisation

Contexte historique des colonies israéliennes

Les racines des colonies israéliennes en Cisjordanie et dans la bande de Gaza remontent aux débuts de l'État d'Israël. Après la guerre des Six Jours en 1967, Israël a commencé à construire progressivement des communautés civiles destinées aux habitants juifs dans les territoires qu'il occupait. L'expansion de ces colonies s'est appuyée sur toute une série de facteurs, notamment religieux, sécuritaires et idéologiques. Pour certains, les colonies avaient pour but de reconquérir les terres bibliques décrites dans la vision sioniste d'Israël. Pour d'autres, elles étaient indispensables au maintien de positions militaires stratégiques tout en formant des zones tampons avec les voisins hostiles. Sur le plan idéologique, les colonies étaient perçues comme l'essence même du peuple juif, s'inscrivant dans le récit historique de la patrie et centrées sur la notion de « rédemption de la terre ». Le soutien aux mouvements de colons découlait de l'idée qu'Israël devait renforcer son emprise et sa souveraineté sur ces territoires contestés. Ces motivations reposaient sur des considérations historiques, culturelles et géopolitiques. Les colonies ont jusqu'à présent contribué à façonner et à influencer le conflit régional, les accords de paix et les relations internationales de l'État d'Israël.

L'expansion des colonies a suscité un débat sur leur légalité, leur impact sur le peuple palestinien et leurs conséquences pour une solution plausible à deux États. En ce qui concerne les colonies, ces questions s'inscrivent dans le contexte plus large du conflit israélo-palestinien. Pour comprendre l'histoire et le développement des colonies israéliennes ainsi que leurs liens complexes avec le conflit, il est essentiel de saisir ces questions complexes. Tout au long de l'histoire, les peuples ont lutté pour intégrer des perspectives et des objectifs différents dans une compréhension plus cohérente, ces colonies en étant un excellent exemple.

Définir le nettoyage ethnique : une terminologie controversée

Définir le nettoyage ethnique n'est pas une tâche facile, surtout lorsqu'il faut tenir compte de la controverse qui entoure Israël et la Palestine concernant l'origine du terme tout en s'alignant sur son utilisation. Le terme « nettoyage ethnique » a été utilisé pour la première fois lors des guerres des Balkans dans les années 1990 et suggère souvent l'expulsion et le traitement violent d'un groupe ethnique vivant à l'intérieur des frontières d'une région particulière. Une autre question concerne la violence disproportionnée infligée aux populations locales d'Israël, y compris dans les territoires occupés de Palestine, et la question de savoir ce qui peut ou ne peut pas être qualifié de nettoyage. C'est précisément cette utilisation particulière du terme « nettoyage ethnique » dans le contexte israélo-palestinien qui suscite une controverse profonde et souvent passionnée. La description du nettoyage ethnique dans les actions du système gouvernemental israélien fait l'objet de nombreux débats, et les communautaristes ethnonationaux affirment souvent qu'elle montre la volonté pure et simple de procéder à un nettoyage ethnique des Palestiniens. Ces personnes exigent la condamnation la plus sévère sur le plan humanitaire et juridique et dénoncent les prisons, les murs et les expulsions. D'un autre côté, beaucoup de gens estiment que cette perspective est trop sévère et ne tient pas compte des aspects plus pratiques de la question. Les partisans de ce type de politiques, souvent appelées politiques de colonisation, cherchent à défendre et à rationaliser ces politiques au nom des « intérêts légitimes de l'État ». Ces intérêts, comme ils le disent, dans le cas particulier de la colonisation dont il est question, semblent être « défensifs ».

Ils affirment que les mesures prises constituent, dans leur ensemble, une stratégie visant à isoler et à expulser les citoyens palestiniens autochtones, ce qui correspond à la définition du nettoyage ethnique. Les détracteurs, en revanche, affirment que la réalité est plus complexe et, à bien des égards, plus riche que ne le suggère le terme, et que l'histoire, la politique et la sociologie en jeu sont beaucoup plus complexes. Selon eux, des questions telles que les préoccupations en matière de sécurité, les revendications historiques des Juifs sur la terre et les conflits immobiliers ajoutent à une réalité bien plus complexe que ne le suggère le terme « nettoyage ethnique ». Les discussions sur l'utilisation du terme « nettoyage ethnique » mettent en évidence les positions toujours aussi polarisées sur le conflit israélo-palestinien et l'absence d'une approche unifiée pour le dialogue et la résolution. Lorsque nous abordons ce sujet si crucial et si sensible, nous devons adopter les approches les plus diplomatiques et les plus authentiques, être ouverts à toute une gamme de points de vue et comprendre que les récits façonnés par de tels mots ont un impact profond et direct sur les politiques et la prise de décision.

Expansion stratégique : Dévoilement des objectifs de colonisation

Les colonies israéliennes en Cisjordanie et leur expansion stratégique sont une question controversée et complexe dans le monde entier. Les objectifs de cette expansion stratégique ont changé et évolué au fil des ans, tout en conservant leurs aspects politiques, religieux et sécuritaires. Pour bien comprendre les motivations stratégiques derrière ces colonies, il est nécessaire de comprendre l'histoire et la situation politique actuelle du monde.

Tout d'abord, l'expansion est motivée par des raisons politiques. L'objectif principal est d'étendre le contrôle sur des régions critiques et stratégiques de la Cisjordanie. Israël souhaite contrôler ces régions afin d'y établir une présence physique, démographique et économique. Des colonies spécialement conçues contribuent à modifier la géographie et la démographie du territoire en faveur d'Israël. Grâce à ces colonies, Israël vise à modifier la réalité sur le terrain afin de garantir l'absence d'un État palestinien à l'avenir.

En outre, l'expansion stratégique favorise les objectifs de sécurité d'Israël. Les colonies sont construites le long des routes principales et sur des terrains élevés, ce qui contribue à renforcer la zone tampon militaire. Le contrôle de ces zones critiques et stratégiques renforce les capacités défensives d'Israël et contribue à la projection de sa puissance militaire dans la région.

D'un point de vue économique, l'objectif du développement des colonies est d'encourager les activités économiques juives et la croissance dans la région. Cela implique la construction d'infrastructures, la création d'entreprises et des activités agricoles qui favorisent et soutiennent les colonies juives. Cet aspect économique s'inscrit dans un plan plus large visant à intégrer physiquement et économiquement ces territoires à Israël afin de renforcer le contrôle d'Israël sur ces zones.

Les colonies ont également une importance politique significative qui ne doit pas être négligée. Elles représentent la déclaration de souveraineté et de contrôle d'Israël sur les territoires contestés, reconfigurant le paysage politique et compliquant les négociations et les efforts de paix. Par l'expansion des colonies, Israël cherche à repousser les frontières des territoires internationalement reconnus et à affirmer de manière redondante son contrôle sur la région, contredisant ainsi les illégalités revendiquées par la communauté internationale.

L'expansion stratégique, contraire à l'éthique et illégale, des colonies soulève des préoccupations d'ordre éthique, juridique et humanitaire. Elle entraîne des déplacements, des expropriations et des entraves au droit des Palestiniens à la liberté de circulation. De plus, elle provoque des conflits concernant l'accès et le contrôle des terres, des ressources et de l'eau, exacerbant ainsi une situation déjà explosive.

La propension à l'expansion stratégique des colons pose des défis politiques, économiques et sécuritaires critiques, car elle entrave la paix, la stabilité et la possibilité d'une solution viable à deux États. L'élaboration et la mise en œuvre de politiques et de pratiques fondées sur des preuves et visant les causes profondes de l'agression des colons constituent une condition préalable absolue à la résolution du conflit israélo-palestinien.

Réponses juridiques et internationales

La communauté internationale a compris et examiné de près le phénomène des colonies israéliennes dans les territoires palestiniens occupés, ainsi que les questions juridiques qui en découlent, depuis lors. Le développement et la prolifération de ces colonies sont devenus des sujets de préoccupation internationale, ce qui a donné lieu à diverses mesures juridiques et diplomatiques visant à résoudre les problèmes liés aux colonies et au processus de paix. Sur le plan juridique, la quatrième Convention de Genève stipule qu'une puissance occupante ne peut transférer une partie de sa propre population civile sur le territoire qu'elle occupe. Avec divers autres documents juridiques internationaux, ces conventions constituent le cadre fondamental permettant d'évaluer la légalité des colonies israéliennes en Cisjordanie, à Jérusalem-Est et sur le plateau du Golan. Les résolutions du Conseil de sécurité des Nations unies, notamment la résolution 2334, affirment que les colonies sont illégales et appellent à leur cessation, ce qui a également été soutenu par d'autres membres des Nations unies. En outre, la Cour internationale de justice a rendu un avis consultatif sur la construction du mur en Cisjordanie, qui reflète l'obligation légale de chaque État de respecter unilatéralement le droit international humanitaire, considérant Israël comme un garant délibéré. Ces déclarations juridiques représentent un consensus fort au sein de la communauté internationale sur le caractère illégal des colonies israéliennes.

La portée des initiatives diplomatiques internationales concernant le problème des colonies a recueilli un soutien international considérable. De nombreux pays ont condamné les colonies israéliennes et plaidé en faveur d'une résolution négociée et juste du conflit israélo-palestinien. Les violations des droits humains liées aux colonies, ainsi que les demandes de responsabilité pour ces violations, ont obtenu un soutien tant au niveau international qu'au niveau national. Les défenseurs des droits humains et la société civile ont été une force motrice au niveau international, visant à demander des comptes à Israël pour sa politique de colonisation. Certaines organisations internationales, dont la Cour pénale internationale, ont ouvert des enquêtes et, dans certains cas, des procès pour crimes de guerre potentiels liés aux colonies. Les preuves mettent en évidence les colonies et les dilemmes juridiques qui les entourent. Les approches juridiques et internationales concernant les colonies israéliennes témoignent des divers efforts déployés pour résoudre cette question. Le lien entre les cadres juridiques, l'action diplomatique et la responsabilité de faire respecter le droit international tout en promouvant la paix dans la région est à la portée de ceux qui souhaitent résoudre cette question.

Politiques sous la direction de Netanyahu

Pour Netanyahu, l'expansion des colonies de peuplement correspond à ses principaux objectifs politiques et sert à justifier le soutien qu'il reçoit des factions politiques d'extrême droite en Israël. En violation du droit international et des résolutions des Nations unies, l'expansion et la création de nouvelles colonies sont devenues la marque de fabrique du mandat de Netanyahu. Les vives réactions internationales n'ont pas empêché l'administration Netanyahu de planifier de manière cohérente la colonisation à long terme de nouveaux territoires à des fins politiques.

Les gouvernements précédents ont également pris des mesures similaires, mais le gouvernement actuel soutient activement et officialise la politique d'expansion des colonies israéliennes, qui étend le contrôle israélien sur les territoires occupés. Malgré les réactions négatives de la communauté internationale et les revendications contestées juridiquement de Netanyahu, l'expansion des colonies israéliennes ciblées et la consolidation des territoires occupés se sont poursuivies.

Au cours de cette colonisation soutenue, le gouvernement de Netanyahu a contribué à la construction de nouvelles colonies et de nouveaux logements, et a encouragé les citoyens israéliens à s'y installer en leur offrant des incitations financières. Ces politiques soutenues par les responsables politiques ont justifié les sentiments qui ont rationalisé l'imposition ciblée de la paix par l'État israélien, nécessaire à des fins essentielles.

Sous le régime de Netanyahu, les initiatives du gouvernement se sont concentrées sur la légitimation et la normalisation de l'intégration des colonies en Cisjordanie. Il s'agit notamment de légaliser rétroactivement les avant-postes non autorisés et d'étendre le droit civil israélien à ces zones, renforçant ainsi la domination israélienne et négligeant davantage les droits des Palestiniens. Les politiques de Netanyahu continuent de s'appuyer sur la ruine de toute possibilité restante d'un véritable règlement à deux États et sur la dépossession et la mise à l'écart des peuples palestiniens.

Les implications de ses politiques sur le terrain sont graves. Les politiques israéliennes ont provoqué la confiscation de terres, des restrictions de mouvement et la fragmentation territoriale, ce qui a eu un impact sur le bien-être social, économique et psychologique des Palestiniens. L'expansion des colonies a encore affecté la rentabilité des moyens de subsistance des Palestiniens, entraînant une augmentation de la violence et une hausse du nombre et de l'intensité des incidents dans le conflit israélo-palestinien.

Les contestations internationales à l'égard des politiques de colonisation persistent, tandis que les tentatives de critique justifiée se font de plus en plus rares. La dépossession, l'injustice et l'inégalité entre les peuples qui en résultent ne font qu'aggraver le conflit israélo-palestinien. La mise en œuvre de politiques qui entravent le développement d'un véritable règlement à deux États maintient le discours de paix exclusivement centré sur Netanyahu. Les inégalités en matière de paix à l'égard des Palestiniens sont le fruit de ses politiques et restent un point central du conflit dans son ensemble.

Impact sur les communautés palestiniennes

Les activités des colons israéliens à l'égard des communautés palestiniennes ont eu un impact considérable et sont préoccupantes. Ces colonies ont entraîné des pertes territoriales pour les Palestiniens, ont limité l'accès aux ressources et ont contribué à freiner la croissance économique. De nombreuses colonies sont construites sur des territoires palestiniens exploités, ce qui finit par détruire et déplacer des communautés palestiniennes entières. Leurs colonies ont créé de graves problèmes sociaux et économiques et des difficultés pour les Palestiniens qui ont dû vivre à proximité immédiate. Les barrières et les points de contrôle ont réduit la mobilité et rendu très difficile l'accès au travail, à l'éducation et aux services de santé. La construction et le développement de ces colonies ont morcelé la campagne, perturbant ainsi l'agriculture (les terres agricoles) et l'écologie. Les conditions de vie des colonies palestiniennes ont donc été les plus touchées et ont conduit à une augmentation des conflits et des tensions dans la région. En outre, dans la zone sous contrôle militaire, les résidents palestiniens ont été victimes d'arrestations arbitraires, de détentions et de violences injustifiées, ce qui a constitué une violation des droits humains des citoyens. La présence constante de la surveillance amplifie la situation et entraîne une augmentation du stress et des traumatismes, qui sont déjà prédominants dans les communautés.

Les colonies ont modifié les relations sociales et d'autres aspects culturels, ce qui a considérablement affecté le mode de vie palestinien. Il s'agit d'une perte d'identité et de patrimoine qui menace de manière injustifiée le bien-être de générations futures entières. Les communautés palestiniennes ont toutefois réussi à rester résilientes et déterminées malgré les nombreux obstacles qui se dressaient sur leur chemin et se sont battues pour défendre leurs droits et leur patrimoine. Les actions de défense des communautés concernées, associées au soutien international, ont tenté de défendre et de promouvoir les droits et la dignité de ces populations. Les colonies constituent un défi pour le peuple palestinien, et ceux qui défendent son bien-être relèvent ce défi dans le contexte de l'action et de la privation historique de celle-ci, en proposant un cadre global qui vise à restaurer son bien-être.

Voix de l'opposition : Critiques internes et externes

La controverse entourant les colonies israéliennes et les préoccupations relatives à leur impact sur les communautés palestiniennes ont toujours attiré l'attention du grand public, tant à l'intérieur qu'à l'extérieur du pays. En Israël, certains individus et organisations s'opposent ouvertement à l'expansion des colonies. Ces voix dissidentes prônent des politiques plus conciliantes à l'égard des territoires palestiniens et affirment que toute solution réaliste doit être pleinement viable tant pour les Israéliens que pour les Palestiniens.

Parallèlement, les critiques externes émanant de la communauté internationale et d'un certain nombre d'organisations de défense des droits de l'homme de premier plan, ainsi que de certains gouvernements, ont mis en évidence l'impact négatif des politiques de colonisation israéliennes sur les perspectives de paix et sur la population palestinienne. Ces critiques portent également sur la violation du droit international et, plus précisément, sur les politiques de colonisation illégales au regard de la quatrième Convention de Genève, qui interdit le transfert de population du territoire de l'État occupant vers le territoire occupé.

En outre, ces voix dissidentes soulignent les conséquences sociales, politiques et humanitaires de l'expansion des colonies, notamment la confiscation de terres, la restriction des déplacements et les inégalités sociales et économiques entre les colons israéliens et les populations palestiniennes autochtones. Elles critiquent également les mesures protectrices et proactives violentes utilisées pour faire avancer la construction des colonies, qui augmentent les tensions et réduisent les chances de réconciliation nationale.

Il est important de noter que ces voix dissidentes proviennent de différents horizons et comprennent les milieux politiques, juridiques, culturels et universitaires. Plusieurs universitaires, militants et intellectuels publics ont formulé des critiques à l'égard des politiques de colonisation, en proposant des recherches et des analyses qui étayent leurs arguments et offrent de nouvelles approches sur la manière de parvenir à une paix juste et durable dans la région.

Dans le contexte des colonies, ces critiques internes et externes s'ajoutent au discours déjà riche sur les aspects éthiques et pratiques de cette question. Elles soulignent la nécessité de trouver un équilibre entre les actions politiques, les droits fondamentaux et le potentiel de cohabitation pacifique. Il est impératif d'avoir ces conversations et de prendre en compte ces voix afin de mieux appréhender les aspects constructifs et destructeurs de ces activités pour assurer la paix et la stabilité dans la région.

Économie des colonies : encourager la croissance et la durabilité

L'économie des colonies dans les territoires palestiniens occupés a suscité de nombreux débats et critiques. Ses partisans affirment que les colonies favorisent la croissance économique et la durabilité des communautés environnantes, tandis que ses détracteurs les dénoncent comme illégales, immorales et nuisibles aux perspectives de paix. Les considérations politiques, sécuritaires et pacifiques liées à son développement ajoutent à la complexité de l'économie des colonies.

Les partisans de l'économie des colonies affirment qu'elle sert à stimuler la croissance régionale. Ils soutiennent que le développement des colonies crée des zones industrielles, des entreprises agricoles et des zones résidentielles qui conduisent à la création d'emplois et à la génération d'activité économique. En outre, ils affirment que les colonies attirent des capitaux et déclenchent le développement d'infrastructures économiquement productives dans la région.

Ils affirment également que l'économie des colonies offre un potentiel considérable en matière de durabilité économique. Ils affirment que l'exploitation économique des ressources terrestres et hydriques des territoires offre à la région des perspectives d'autosuffisance et de réduction de sa dépendance vis-à-vis des régions extérieures. Selon eux, cela favoriserait la résilience et la prospérité économique des populations locales, ce qui se traduirait par une stabilité à long terme de la région.

Cependant, les détracteurs soutiennent que tous ces progrès ont un coût, car les colonies étendent les frontières de l'État et stimulent l'économie. Ils soulignent l'extraction et l'exploitation non réglementées et effrénées des ressources naturelles de la région, qui ont souvent des répercussions sociales et environnementales négatives. Ils affirment également que la manière discriminatoire dont les ressources et les opportunités économiques sont allouées et distribuées au sein des colonies cloisonne les opportunités et les possibilités disponibles dans les colonies, et que celles-ci ont engendré des inégalités dans la région tout en entravant le développement économique inclusif potentiel.

La critique précédente décrit la juxtaposition moralement

problématique de la croissance et de la durabilité dans l'économie des colonies. Le bien-être et les droits de la population palestinienne indigène déplacée et occupée sont présents, mais également préoccupants. La croissance justifiée s'inscrit dans une structure économique non durable et inéquitable qui vise principalement à renforcer l'occupation du territoire. Les critiques décrivent ce système de croissance comme un modèle économique inéquitable qui met également en évidence le caractère non durable de la croissance économique dans sa structure confinée.

En conséquence, des questions complexes concernant l'économie des colonies et ses avantages potentiels pour la croissance et la durabilité restent sans réponse. Pour y répondre, il faut analyser en détail les facteurs économiques, sociaux et politiques en jeu dans les territoires occupés, ainsi que les questions interpersonnelles et plus larges de la recherche de la paix et de la justice dans la région.

Projections futures et orientations politiques

« Les projections futures et les politiques susceptibles d'apporter une solution durable aux questions interdépendantes des colonies israéliennes et des droits des Palestiniens sont essentielles. La situation géopolitique mondiale, et plus particulièrement celle de la région, exige que l'on s'attaque à la question de l'expansion des colonies et à ses répercussions. L'une des projections futures est la présence de réalités sur le terrain et de changements cruciaux dans l'arène sociopolitique. Ces informations devraient aider les décideurs politiques à concevoir des politiques pratiques qui cherchent à répondre aux souhaits et aux préoccupations des colons israéliens et des Palestiniens. Toute politique doit partir des principes du droit international. Il est essentiel de rétablir les principes de justice et, plus important encore, d'égalité. Cela nécessite une modification des politiques établies en matière de colonies et de territoires délimités à coloniser.

En outre, toute nouvelle approche devrait encourager la compréhension et les initiatives de coopération qui contribuent à promouvoir les droits humains et la dignité de toutes les personnes touchées par ce conflit prolongé. Les futures approches politiques mettront l'accent sur la responsabilité et la transparence dans la mise en place de mécanismes de surveillance, de rapport et de vérification afin de maintenir l'état de droit et d'empêcher toute action susceptible de compromettre les perspectives de justice et de paix durable.

Un élément essentiel pour prévoir l'avenir est un dialogue et des négociations ciblés afin de parvenir à une solution acceptable et durable. Cela exige que toutes les parties engagent des négociations dans le but de créer un climat de coopération constructive. Enfin, l'accent mis sur la nécessité d'une diplomatie à tous les niveaux est une reconnaissance importante de l'importance de la diplomatie collaborative pour l'avenir de la politique. La diplomatie collective, des acteurs mondiaux et régionaux aux constituants locaux, peut aider à identifier des moyens créatifs et à faire progresser des stratégies inclusives. Des solutions axées sur les personnes peuvent émerger de la synergie entre les politiques et leur mise en œuvre visant l'équité. Un régime équitable et durable qui renforce la paix, la prospérité et le bien-être de toutes les parties prenantes à la recherche d'une solution juste et durable est possible.

Intégrer les initiatives de paix à la réalité

Tendre vers la paix dans le conflit israélo-palestinien est une entreprise difficile qui nécessite une diplomatie perspicace et une compréhension des réalités sur le terrain. Les efforts de paix prévus peuvent englober toutes les initiatives, mais le succès de ces efforts coordonnés est déterminé par le réalignement sociopolitique et régional des initiatives proposées.

Dans le contexte de l'expansion des colonies et des tensions de longue date, un cadre de paix israélo-palestinien doit se concentrer sur les questions de souveraineté sur les terres, de contrôle des ressources et des droits du peuple palestinien. Ancrer les initiatives dans la réalité du conflit signifie aborder les questions fondamentales des terres, des ressources et des besoins des peuples israélien et palestinien. Les craintes, les espoirs et les griefs de chaque partie doivent être reconnus ; il existe des antagonismes historiques et contemporains qui doivent être réconciliés.

La confiance et la nécessité de renforcer la confiance entre les parties opposées sont essentielles à cette intégration. Des médiateurs désintéressés peuvent offrir aux parties un espace pour résoudre les problèmes de confiance et construire un cadre facilitant la négociation d'un avenir commun. Ce processus nécessite une volonté de dialoguer sur la reconnaissance, d'admettre les problèmes troublants du passé et de s'accorder politiquement sur une vision de paix et de partenariat.

La quête d'une paix durable doit également tenir compte

des dépendances économiques de la région. Les programmes de développement qui intègrent une croissance inclusive avec des partenariats économiques transfrontaliers peuvent contribuer à établir des relations entre les communautés tout en affaiblissant l'attrait des idéologies extrémistes. En repositionnant stratégiquement le progrès économique par rapport aux dividendes de la paix, nous pouvons motiver les parties prenantes à conclure des accords de coopération économiquement avantageux.

Dans le même temps, une partie importante de la communauté internationale, qui comprend toutes les parties prenantes internationales, a la responsabilité unique de fournir la volonté politique, le financement et les garanties de sécurité qui sous-tendent le succès éventuel des propositions de paix. La promotion efficace de la paix nécessite une approche intégrée qui respecte le droit international et les résolutions des Nations unies et adhère aux exigences en matière de droits de l'homme.

De même, les conséquences persistantes des inégalités historiques profondément enracinées exigent et méritent des initiatives de justice réparatrice. Comprendre et reconnaître les souffrances des peuples israélien et palestinien contribuera à jeter les bases essentielles d'une paix juste et durable.

Pour aligner pleinement la réalité sur les initiatives de paix, il est nécessaire de repenser complètement les conditions actuelles. Cela implique de s'éloigner des attitudes rigides et exclusives pour adopter des attitudes inclusives et fondées sur les droits, qui reconnaissent la dignité et l'autodétermination de toutes les parties prenantes. Une paix durable ne pourra s'enraciner et se développer que dans un tel cadre de transformation.

10
La manne méditerranéenne
Ressources régionales et exclusion des Palestiniens

Contexte historique : la géopolitique de la Méditerranée

La géopolitique de la région méditerranéenne s'étend sur plusieurs siècles de conflits, de stratégies et de rivalités, qui se poursuivent encore aujourd'hui. La région méditerranéenne, qui sert de lien entre l'Europe, l'Asie et l'Afrique, a toujours été convoitée par les empires désireux de s'enrichir grâce au commerce et aux ressources naturelles abondantes. Elle a toujours été une source de conflits et de richesse pour les empires, depuis les civilisations grecque et romaine antiques jusqu'aux Ottomans et aux Habsbourg.

Les luttes de pouvoir trouvent souvent leur origine dans d'anciens conflits liés à l'accès à des terres fertiles, à des minéraux précieux et à des ports stratégiquement importants. Le contrôle des routes commerciales maritimes signifiait également la domination du commerce mondial, ce qui facilitait l'influence militaire et conduisait à des vagues massives de colonisation et de suprématie. L'histoire du monde raconte de manière vivante les conflits liés au contrôle et aux ressources, qui ont façonné le monde d'aujourd'hui.

La région méditerranéenne a longtemps été un centre de débat spectaculaire pour les États-nations modernes, qui cherchaient à acquérir des réserves énergétiques, à pêcher et à défendre des routes commerciales essentielles. Les hydrocarbures et le forage pétrolier offshore qui se sont développés dans la région ont exacerbé la rivalité géopolitique et transformé les associations le long de la côte méditerranéenne. Le pétrole a été un facteur aggravant important caché sous les vagues.

Une question particulièrement controversée parmi les pairs stratégiques est la suppression de la concurrence sauvage, qui fait de l'acquisition des réserves de pétrole une question souveraine. Cela conduit à des différends qui peuvent considérer l'ensemble de la région comme une toile vierge au pouvoir douteux. La situation en Méditerranée ne fait que renforcer la volonté de chaque nation d'exercer une domination stratégique et économique dans le monde.

La région méditerranéenne est ainsi devenue un terrain de concurrence entre les deux parties pour attirer le reste du monde dans le commerce mondial, garantissant ainsi que la Méditerranée reste le bastion des réserves pétrolières et du commerce mondial. Pour comprendre cette situation actuelle, il est nécessaire de bien connaître la géopolitique constitutionnelle et l'exploitation des réserves pétrolières autour de la Méditerranée.

Les richesses souterraines : aperçu des ressources naturelles régionales

Les ressources naturelles de la Méditerranée orientale comprennent des gisements de gaz offshore et une vie marine riche. Les hydrocarbures découverts dans le bassin du Levant ont suscité un intérêt considérable dans cette région et à l'étranger. Cela a marqué un tournant dans le développement des ressources énergétiques et l'économie des pays riverains de la Méditerranée. Au cœur de ces ressources se trouvent les gisements de gaz naturel situés principalement dans le bassin du Levant et le bassin du delta du Nil. La région comprend également du pétrole et des réserves encore plus précieuses qui n'ont pas encore été découvertes. La région méditerranéenne joue un rôle essentiel dans l'ordre géopolitique, avec des ressources très demandées et de riches gisements de pétrole et de gaz à la surface et sous le sol. La Méditerranée est également riche en écosystèmes biologiquement diversifiés, avec des poissons et des récifs coralliens, et soutient l'industrie du tourisme.

En outre, la région possède d'importants gisements minéraux tels que des phosphates, du minerai de fer et d'autres minéraux de grande valeur, dont l'exploitation pourrait profiter considérablement à l'économie locale et mondiale. La course à l'exploitation de ces ressources s'intensifie, ce qui s'accompagne d'une multitude de défis en matière d'extraction et de gestion. Il est nécessaire de trouver un équilibre entre la recherche d'extraction et l'obligation de protéger l'environnement et de promouvoir le développement durable. Les forages en mer présentent des menaces pour l'environnement, telles que les marées noires et la destruction des écosystèmes, qui ne font que souligner la nécessité d'une gestion contrôlée des ressources. En outre, la répartition des gains provenant de l'extraction des ressources est controversée, en particulier aujourd'hui, compte tenu des conflits territoriaux et du contexte historique de la région. Ces problèmes ne sont pas propres à la région. Des éléments externes tels que les intérêts économiques d'autres pays, les besoins environnementaux et les rivalités géopolitiques modifient la nature du défi, sans pour autant en diminuer l'essence en tant que région. Tous ces facteurs sont cruciaux et créent un déficit politique important, qui manque également d'une perspective régionale méditerranéenne. Comprendre les ressources dans toute leur ampleur est une étape importante pour favoriser la coopération afin de faire face à ces implications globales.

Parties prenantes et revendications : gérer les conflits territoriaux

Les ressources naturelles riches et variées de la Méditerranée et de ses environs ont déclenché de graves conflits territoriaux dans la région. Alors que les équipes des nations et des parties prenantes concurrentes tentent de faire valoir leurs revendications sur les riches gisements de gaz offshore de ces eaux, le monde assiste à une intensification des revendications et des frontières. Derrière toutes ces questions dominantes, des conflits non résolus liés aux mers et d'ordre historique, politique ou économique persistent. Les tentatives des nations pour faire valoir leurs revendications, identifier leurs intérêts et les poursuivre dans une lutte longue et sans fin n'ont jamais été faciles. Cette partie du document se concentrera sur les revendications méditerranéennes et le système complexe d'acteurs impliqués dans les conflits complexes et enchevêtrés qui leur sont imposés. De nombreux pays et revendicateurs s'intéressent aux ressources des fonds marins de la Méditerranée orientale et du bassin du Levant, tels qu'Israël, la Palestine, Chypre, la Turquie, la Grèce et l'Égypte. Les intérêts de chacune de ces nations reposent sur leurs liens et leurs intérêts historiques, géopolitiques et économiques, qui colorent les eaux de la région jusqu'à former un réseau presque impénétrable. La complexité des conflits non résolus est aggravée par l'insuffisance des frontières convenues au niveau universel et par les zones de domination maritime concurrentes. L'absence d'accords dans le domaine du droit maritime ne fait qu'ajouter à la tension dans une région très calme et dépourvue de conflits. L'application des droits autochtones, associée au droit international et à la diplomatie, constitue la base de la résolution de ces conflits complexes. Il est tout aussi important d'accepter les revendications des parties concernées tout en répartissant les ressources de manière équitable et juste. La résolution des différends nécessite une maîtrise de l'art et de la science de la diplomatie, le respect du droit international et la volonté de parvenir à un règlement pacifique. Les relations entre les acteurs des différends territoriaux en Méditerranée doivent être analysées afin de mettre en évidence les problèmes plus profonds liés à l'exploitation des ressources dans la région et les complications qui en résultent en matière d'accès et de propriété. Une analyse approfondie de ces problèmes mettra en évidence les interrelations de la région en matière de pouvoir, de droits et de responsabilités.

Parties prenantes et revendications : naviguer dans les conflits territoriaux

En vertu du droit international humanitaire, les Palestiniens ont le droit d'accéder librement et d'utiliser les ressources du territoire palestinien et celles de la mer Méditerranée. Cependant, les politiques de l'État israélien ont effectivement et délibérément exclu les Palestiniens de l'accès et de la possibilité d'utiliser les ressources le long de la côte méditerranéenne. Ces obstacles à l'accès sont complexes et multiples, allant de la gouvernance des domaines et des systèmes sociopolitiques aux cadres juridiques et au continuum de la gouvernance démocratique. Au cœur de cette exclusion apartheid se trouvent l'occupation et le contrôle israéliens de la rive ouest du Jourdain et l'absence de souveraineté palestinienne fonctionnelle. La situation est encore aggravée par le déni de justice et la capacité d'autres États-nations à exploiter ces ressources sans rendre de comptes et sans être contestés par le peuple palestinien. Le contrôle sans restriction de l'apartheid sur le système d'octroi de licences, ainsi que les investissements et le développement exclusif aux frontières d'autres États-nations, dépassent les frontières du développement et de l'investissement, reposant sur les populations de ces États-nations frontaliers, et l'indignation et le ressentiment de ces communautés envers le peuple palestinien persistent. L'absence de contrôle démocratique par les populations de ces régions, accompagnée d'un déficit en infrastructures, résulte de l'absence d'investissements en faveur des populations de ces régions. Toutes ces barrières se combinent pour favoriser et entretenir de graves disparités en matière d'économie et d'emploi, un manque d'opportunités de développement et une féminisation économique marquée dans les communautés palestiniennes.

De plus, l'absence de ces éléments réduit considérablement l'autodétermination économique et le potentiel de croissance du peuple palestinien. Sur le plan éthique et stratégique, comme pour les Palestiniens, garantir l'accès nécessite une approche multidisciplinaire qui soit à la fois politique, juridique et économique. Cela implique de défendre les droits et la souveraineté des Palestiniens, de contester un régime de discrimination et d'exclusion, et de mener des politiques qui facilitent la participation active des Palestiniens à la gestion et à l'utilisation des ressources régionales. Ces pratiques visent à promouvoir une gouvernance active, une allocation équitable des ressources et à garantir les droits de toutes les parties prenantes de la région méditerranéenne en assurant l'équité dans la participation et la distribution équitable des bénéfices. Cela nécessite une action concertée des organisations internationales, de l'État, de la société civile et des entreprises pour plaider en faveur de la suppression des obstacles et d'un modèle d'allocation des ressources inclusif et équitable. Si la région méditerranéenne est un ensemble de systèmes complexes d'exclusion et de mépris pour le développement durable autodéterminé des peuples frontaliers et marginalisés de la région, elle est également riche d'un potentiel de transformation et de ressources inexploitées qui, s'ils étaient libérés, conduiraient à la justice, à l'équité et à la durabilité pour tous.

Batailles juridiques : la CNUDM et au-delà

Les litiges juridiques en mer sont complexes et vastes, comme l'illustre la région méditerranéenne. La Convention des Nations unies sur le droit de la mer, ou CNUDM, sert de référence juridique centrale pour les revendications maritimes conflictuelles et la délimitation des frontières maritimes. Lors de l'application de la CNUDM concernant les ressources de la région, l'exclusion de la Palestine crée une autre série de problèmes. Chaque conflit juridique tourne autour des questions fondamentales de la souveraineté, des eaux territoriales et de l'utilisation du cobalt et d'autres ressources. L'UNCLOS offre des bases juridiques pour la déclaration de zones économiques exclusives, ainsi que pour les droits sur le plateau continental ; cependant, les litiges qui les entourent sont de nature substantielle. Le cas de la Palestine manque de statut d'État, ce qui crée des problèmes supplémentaires, tels que la capacité de revendiquer et de résoudre les litiges maritimes soumis aux participants à la Convention des Nations Unies sur le droit de la mer. D'autres complications découlent des intérêts et des acteurs géopolitiques et internationaux qui, associés à d'autres éléments du droit maritime international, s'entremêlent et compliquent encore davantage les questions en jeu. Outre la Convention des Nations unies sur le droit de la mer, la question juridique pertinente englobe le droit international au sens large, ainsi que le droit international coutumier.

L'exclusion des Palestiniens, parallèlement à l'engagement avec tous les adversaires concernés dans le contexte de la diplomatie internationale, justifie le recours à l'arbitrage international et à la défense juridique systémique. Le fait de saisir toutes les batailles qui se déroulent à l'intérieur et au-delà des limites de la CNUDM met facilement en évidence le cadre complexe des injustices non résolues, des pouvoirs disproportionnés, de la géopolitique juridique prudente et de toute l'éthique générale du droit international. La compréhension de tous les détails de ces batailles fournit un aperçu significatif du contexte régional en matière de ressources et des conséquences de l'intégration rationnelle des ressources régionales avec l'inclusion palestinienne et une intégration rationnelle et équitable.

Disparités économiques : répartition des richesses et économies régionales

Comme de nombreuses régions du monde, la Méditerranée pose des défis uniques et complexes en matière de répartition des richesses et de dynamique économique régionale. Les avantages inégaux dont bénéficient les différentes parties prenantes lorsqu'elles revendiquent les richesses situées sous les eaux illustrent bien les disparités en matière de développement économique. Sur le plan économique, la région dans son ensemble souffre lorsque les ressources disponibles ne sont pas réparties équitablement.

Les disparités dans la région résultent d'une combinaison de multiples facteurs économiques, politiques et sociaux. Le gaz et les autres ressources marines représentent une partie de la richesse et, parallèlement, bénéficient des avantages miniers, tandis que d'autres segments de la population se voient refuser l'accès à leur part. Les conditions économiques sont défavorables et les conditions contrastées de suspension donnent lieu à des griefs qui exacerbent les tensions et alimentent les frictions entre les différentes communautés.

Les quelques influences politiques et économiques unifiées qui s'approprient les ressources aggravent encore la situation en prédisposant la région et la population à des systèmes sociaux hiérarchisés déguisés en démocratie. Le reste de la population reste économiquement stagnant et appauvri, tandis que quelques-uns jouissent des privilèges liés à l'exploitation des ressources. Le développement social et la sécurité deviennent des occasions d'exploitation par tous les facteurs susmentionnés dans la région. Ces disparités entravent le développement durable et maintiennent les inégalités sociales et politiques, ce qui nuit à la capacité de cohabitation et de collaboration amicales.

L'examen des économies régionales touchées par ces disparités révèle que la répartition des ressources détermine la trajectoire économique des pays et des régions concernés, soulignant que les disparités existantes constituent une préoccupation importante compte tenu de l'abondance des ressources dans le monde qui pourraient être utilisées et distribuées au profit de tous.

De plus, les avantages économiques inégaux résultant des ressources de la région affectent la stabilité économique de la région dans son ensemble. Ils empêchent la création d'une région économique cohésive fonctionnant selon le principe du bénéfice mutuel et de la prospérité partagée. Au contraire, ils créent une concurrence et des conflits qui limitent la possibilité d'initiatives collaboratives favorisant une croissance durable dans toute la région.

Afin d'atténuer ces inégalités économiques et de promouvoir des économies régionales inclusives, il est nécessaire de repenser les pratiques actuelles de distribution des ressources et de s'orienter vers des approches collaboratives qui garantissent une participation active et une distribution équitable des ressources. Ce changement doit être guidé par les concepts d'ouverture, de responsabilité et d'inclusion, en mettant l'accent sur les conditions sociales et économiques des populations concernées. Cette approche permettrait d'opérer des changements, de contribuer à éliminer les disparités existantes et de s'efforcer de créer des économies régionales équilibrées. Ce processus a le potentiel de transformer l'ensemble de la région méditerranéenne en un modèle de croissance durable collaborative, de mutualisme et de richesse partagée.

Préoccupations environnementales : extraire les ressources de manière responsable

De nombreuses questions environnementales liées à l'extraction des ressources dans la région méditerranéenne méritent notre attention. Les questions relatives à la région concernent les écosystèmes terrestres et océaniques. Cependant, elles ont une portée plus large, car elles impliquent également le changement climatique et la diplomatie internationale.

L'extraction de polymères, de pétrole et de gaz, ainsi que l'exploration et l'exploitation minière, peuvent avoir divers impacts, tels que la destruction d'habitats, la contamination des écosystèmes et la perturbation des relations délicates au sein de ces écosystèmes. Les impacts sont nombreux, car les écosystèmes sont interdépendants et riches en biodiversité. Nous devons également tenir compte des personnes qui dépendent des écosystèmes de la région et de la mer pour leur subsistance.

Les émissions de carbone supplémentaires rejetées dans l'atmosphère proviennent de la combustion de pétrole pour alimenter les machines nécessaires à l'extraction des ressources. La dépendance excessive et inconsidérée au gaz augmente également l'empreinte carbone, aggravant les effets du changement climatique. Il ne faut pas ignorer le fait que les effets négatifs peuvent être collectifs. Une seule personne n'a pas à supporter seule les problèmes environnementaux ; au contraire, de nombreuses personnes peuvent les supporter de manière générale.

Les Palestiniens ne disposent pas de tels droits. L'exclusion de l'extraction des ressources n'est pas la seule préoccupation environnementale à prendre en compte. Sans une extraction adéquate, aucun de ces problèmes ne pourra être résolu. Les impacts négatifs, qui risquent d'être disproportionnés, unifiés et polarisés en ce qui concerne les avantages et la protection des ressources et de l'environnement, sont susceptibles de se produire.

Pour surmonter ces obstacles complexes, il est nécessaire de procéder à un retrait responsable des ressources. Cela implique l'utilisation de techniques avancées d'extraction des ressources qui s'efforcent de respecter des seuils minimaux de perturbation de la biosphère et de remplir les conditions préalables au retrait des ressources, telles que la réalisation d'études d'impact appropriées. En outre, il est primordial de communiquer de manière active et ouverte sur l'impact et la justification de l'extraction des ressources avec l'Autorité palestinienne et les communautés qui seront directement touchées. Ils affirment qu'il est essentiel de comprendre les impacts négatifs, car la biosphère mondiale est un patrimoine commun de l'humanité.

Pour étayer les arguments sur l'impact de l'extraction des ressources visant à perturber le moins possible la biosphère, les principes déjà établis, tels que la Convention des Nations unies sur le droit de la mer, peuvent aider les défenseurs de l'impact de l'extraction des ressources à aller au-delà des réactions de l'Autorité palestinienne afin de formuler de meilleurs cadres que même les acteurs régionaux peuvent adopter pour exercer une gestion responsable des ressources et protéger la biosphère sans lui causer de dommages inutiles.

L'allocation de fonds aux énergies traditionnelles mondiales, en particulier au charbon, permettra de réaliser ces améliorations de manière relativement harmonieuse. Les principes des Nations unies traitent de la biosphère légendaire de la planète afin de dissuader les impacts négatifs de l'extraction des ressources et de soutenir les impacts positifs. L'adoption de ces principes peut permettre à la région méditerranéenne de dissuader davantage les impacts négatifs sans compromettre le développement économique et la sécurité énergétique.

En fin de compte, l'extraction méticuleuse des ressources locales s'équilibre avec la responsabilité en matière de ressources, l'équité sociale, le changement climatique et la protection de l'environnement. Si les ressources méditerranéennes ont toujours été compliquées par divers obstacles à leur utilisation, leur utilisation durable doit faire partie intégrante de la stratégie et de la pratique méditerranéennes visant à protéger l'environnement et à garantir la santé des populations et de la nature pour le présent et l'avenir.

Voix invisibles : l'impact sur les moyens de subsistance des Palestiniens

L'exploitation des ressources, en particulier des ressources naturelles, a un impact considérable sur les moyens de subsistance des Palestiniens et a été particulièrement néfaste dans la région méditerranéenne. L'impact de la construction/l'utilisation de ces ressources se situe au niveau social, économique et écologique des Palestiniens, car les membres de cette communauté ont été confrontés à des déplacements, à la perte de leur engagement économique, à des obstacles à la croissance et à la fermeture de leurs professions traditionnelles. Ces conséquences sont le résultat de l'indifférence totale dont fait preuve le monde à l'égard des Palestiniens : pour protéger leurs droits, le monde a choisi de rester silencieux, et ce silence a permis que le sort des Palestiniens ne soit pas pris en compte. Alors que les discussions se poursuivent, la patience de la communauté palestinienne devient de plus en plus évidente. Les Palestiniens, comme d'autres groupes, peuvent faire valoir leurs revendications, mais l'absence de débat et de négociation politique a perpétué l'inégalité. La communauté palestinienne, comme d'autres communautés, a le droit de faire valoir ses revendications, mais l'inégalité est flagrante.

Enchaînées dans la région, d'autres ressources, y compris la vie, souffrent, car les pertes et les dommages, l'humidité et la qualité de l'oxygène et d'autres gaz sont astronomiques. Ces communautés palestiniennes ont déjà du mal à subvenir à leurs besoins en ressources de base et vitales, et contrairement à d'autres communautés, ces Palestiniens n'ont pas le poids nécessaire. Ces personnes manquent d'équité sociale et de suffisance, et ce résultat est une conséquence de l'extraction des ressources. Les frontières imposées aux eaux palestiniennes et les zones d'exclusion économique ont eu un impact négatif sur le désir d'autosuffisance économique et de développement durable.

De plus, et malheureusement, le conflit et le zonage sans restriction ont privé les Palestiniens de leur tranquillité d'esprit et de leurs possibilités de gagner leur vie. Ces zones sont particulièrement préjudiciables au peuple palestinien en raison de l'absence de commerce, du manque d'investissements et de l'épuisement des ressources naturelles abondantes, car ils n'ont aucun moyen d'utiliser les processus naturels pour se construire et améliorer leur bien-être. Plus précisément, ils ne peuvent pas s'organiser eux-mêmes et restent enlisés dans une dépendance excessive.

L'impact de l'extraction des ressources sur les Palestiniens doit être abordé au niveau régional et plus près de chez eux, en accord avec les populations locales autour des zones économiques communales, et en affirmant leurs droits à la terre et à l'eau pour le développement économique. Nous devons développer rapidement l'économie de manière large et équitable, avec la contribution maximale des Palestiniens et le droit de travailler, de connaître et d'acquérir les décisions relatives au développement du pays et à ses normes. Il est possible de résoudre les problèmes dans la région et entre les acteurs si nous parvenons à soutenir les Palestiniens.

Implication internationale : rôles des puissances mondiales

La Méditerranée orientale revêt une importance capitale pour les puissances mondiales en raison de la richesse de ses ressources et de sa situation géopolitique. C'est pourquoi de nombreux acteurs mondiaux ont été directement associés à la dynamique d'extraction et d'exploration des ressources dans la région. Les États-Unis, la Russie et l'Union européenne ont été identifiés comme les acteurs prédominants, avec leurs intérêts particuliers et leurs approches distinctes de la Méditerranée orientale. Les États-Unis, alliés historiques d'Israël, ont soutenu les activités de ce dernier, notamment l'exploration et l'exploitation gazières offshore dans la région. Washington a jusqu'alors utilisé le gaz pour améliorer ses relations diplomatiques et militaires. L'approche de la Russie consiste à étendre son influence en Méditerranée orientale en vendant du gaz et en concluant des partenariats énergétiques régionaux. L'Union européenne, en tant que groupe, semble adopter une approche plus équilibrée lorsqu'elle tente de concilier les intérêts concurrents de ses membres avec la nécessité de stabiliser et de promouvoir la coopération dans la région. Plus récemment, l'implication d'autres acteurs, tels que la Chine et la Turquie, a ajouté à la complexité des relations géopolitiques.

En outre, les activités de ces superpuissances ont façonné non seulement les dimensions économiques et sécuritaires de la géopolitique méditerranéenne, mais aussi le potentiel des Palestiniens à s'engager activement et à accéder équitablement aux ressources régionales. Il est essentiel de comprendre les stratégies et les comportements de ces acteurs mondiaux pour saisir l'interaction complexe des intérêts et de la politique de puissance dans la région. Il est donc important de tenir compte de l'imbrication complexe des acteurs internationaux pour formuler des politiques sur l'exclusion des Palestiniens, la gestion responsable des ressources et la promotion de la collaboration dans la région. Pour élaborer des stratégies efficaces, il est nécessaire de comprendre et d'apprécier les positions complexes des puissances mondiales afin de renforcer la cause du processus de reconnaissance et d'inclusion du peuple palestinien et des parties prenantes de la Méditerranée orientale.

Vers la visibilité : plaider en faveur de la participation palestinienne

La participation des Palestiniens à la gestion et à l'utilisation des ressources dans la région revêt une importance considérable pour le maintien de l'équité en Méditerranée et dans l'ensemble de la région méditerranéenne. La communauté internationale, qui plaide en faveur des Palestiniens dans ces domaines, assume et reconnaît sa responsabilité en tant que partie prenante des ressources régionales sous-jacentes pour cette question particulièrement importante. Ne pas reconnaître le contexte historique restrictif des Palestiniens dans ce cas est hautement discriminatoire et difficile à comprendre. Pour aborder cette question, il faut tenir compte du contexte. L'un des moyens d'atteindre ces objectifs consiste à utiliser des outils diplomatiques pour souligner l'importance des processus décisionnels de la région en matière de gestion et de planification des ressources. Cela impliquerait de sensibiliser le monde et le système mondial à l'organisation de ce système multinational inclusif afin d'apprécier les droits du peuple palestinien et de les intégrer dans les questions de négociations, d'accords et de coopération dans le cadre de projets clés en main. Les mêmes idées s'appliquent à la collaboration avec les autorités et les organisations palestiniennes, qui peut générer des liens précoces garantissant leur participation aux discussions sur les ressources pour la défense de leurs intérêts. Un véritable changement ne peut se produire que lorsque des individus qui adoptent des approches raisonnables en matière de changement systémique offrent à d'autres de nouvelles opportunités pour surmonter leurs difficultés. Cette oppression peut également affecter les efforts de plaidoyer visant à améliorer les ressources de la région. Le plaidoyer est nécessaire pour garantir la responsabilité et boucler la boucle dans la prise de décision et le flux des ressources. En facilitant les conditions préconisées par les architectes, qui ouvrent les systèmes et les structures d'information, la participation palestinienne à la supervision et à la prise de décision peut être renforcée.

Au sein des communautés palestiniennes ciblées, il existe un fossé en matière d'engagement et d'accès aux programmes de renforcement des capacités proposés pour l'acquisition de compétences dans les domaines de l'éducation, de la construction et de l'exploitation minière. Pour combler ce fossé, il convient de mettre en place des structures d'éducation et de soutien appropriées afin de préparer les Palestiniens à participer activement à l'exploration, à l'exploitation minière et à la gestion des actifs de la région. Chaque effort visant cet objectif est plus susceptible d'avoir un impact maximal en tirant parti de la reconnaissance que les Palestiniens tirent de leur accès et de leur inclusion dans ces initiatives. Un engagement international plus systémique permettra de mettre en place des accords de partage des bénéfices qui garantissent une extraction équitable et juste des ressources. Dans ce cas, la société civile mondiale peut développer et mesurer l'impact sur les aspects distributifs de la création d'emplois, de la répartition des flux de revenus et de la croissance socio-économique macroéconomique en tant qu'unité d'analyse. Plus ces politiques abordent spécifiquement l'équité socio-économique et l'équité des ressources des Palestiniens au-delà des frontières, plus elles défendent efficacement la responsabilité sociale et internationale. De même, ces politiques influenceront la défense d'une action internationale productive. La participation, depuis l'engagement jusqu'à la reconnaissance de la valeur utilitaire des enjeux de la région, est la mesure de l'engagement. C'est précisément dans ce domaine que les efforts sont les moins importants en Méditerranée. L'enjeu est le prix à payer pour la paix démocratique et la justice sociale dans la région. La participation politique palestinienne n'est ni faible ni réduite au silence, mais elle n'est actuellement pas récompensée à sa juste valeur.

11
Vers la justice
Reconnaissance, souveraineté et voie à suivre

Termes pertinents en matière de souveraineté et de justice

L'exclusion judiciaire et immédiate de l'autonomie d'un État est cruciale pour maintenir l'équilibre actuel entre la domination territoriale et les discussions juridictionnelles, qui sont compliquées par les irrégularités du droit international et la suprématie régionale. Bien que la quête de justice réponde à la nécessité historique de rétablir l'équilibre après des siècles d'injustices non réparées, la réalisation de la civilité et de la paix reste un objectif lointain de la lutte actuelle.

Compte tenu du contexte historique profondément enraciné de la lutte pour la reconnaissance, il est essentiel de comprendre la complexité de la justice et de la souveraineté par rapport à la nation et à sa polyglottie. La mondialisation profondément enracinée des injustices territoriales et politiques découle du déni de souveraineté. Les peuples revendiquent souvent la souveraineté, mais la obtiennent rarement, la distinction résidant dans la commodité de la reconnaissance autonome. En appréciant l'évolution des luttes pour la reconnaissance, nous soulignons l'essence de la justice souveraine.

En outre, l'analyse de la justice et de la souveraineté en relation avec l'histoire permet d'évaluer l'impact de ces concepts sur les relations étrangères, les partenariats régionaux et le droit international. Cette section se concentrera sur les événements clés de l'histoire et les points les plus importants où la souveraineté a été contestée, affaiblie ou renforcée, démontrant l'impact significatif de ces luttes sur la recherche de la justice et de l'autodétermination.

En outre, les concepts de justice et de souveraineté constituent le fondement de l'interrelation entre les injustices historiques et les relations géopolitiques modernes. Cette section sur la justice et la souveraineté tente de décrire les lacunes historiques à travers lesquelles émergent la quête de reconnaissance et d'autonomie gouvernementale, les revendications et les devoirs correspondants, ainsi que les subtilités considérables d'un tel effort. En analysant les luttes historiques, nous souhaitons expliquer l'importance de la justice et de la souveraineté dans la formation de la situation géopolitique actuelle et dans la création des fondements d'une paix positive, de la stabilité et de la prospérité.

L'examen de la justice et de la souveraineté, ainsi que de la reconnaissance et des conflits territoriaux qui en découlent, sera en fin de compte essentiel pour ces communautés et ces nations. Les racines autrefois complexes deviennent plus claires lorsque l'on examine les principes de la quête de justice, ainsi que le fossé, l'action et la légitimité que nous nous efforçons actuellement de combler. Cette section vise à expliquer les facteurs historiques et actuels qui se chevauchent afin de construire un récit qui explique la justice et la souveraineté à partir du réseau complexe de la politique mondiale.

Contexte historique des luttes pour la reconnaissance

Le contexte historique, en ce qui concerne les revendications de souveraineté retirée et d'injustice, est complexe et marqué par l'oppression, la perte et la force morale. La perte de l'identité primaire et la dynamique actuelle du globe signifient que la perte de l'autodétermination et de l'État facilement accessible signifie que la perte d'identité est au cœur de l'autodétermination des Palestiniens et de l'État. La chute de l'Empire ottoman et la Première Guerre mondiale, outre la révolte arabe, ont été des événements marquants du début du XXe siècle. La fragmentation du territoire, associée aux mandats britannique et français, a marqué le début d'une période de domination coloniale qui a déclenché des dizaines de guerres pour le contrôle du territoire et la création d'un État. Les espoirs d'autodétermination et de liberté des Arabes ont marqué le début d'un siècle d'hostilité et de perte de terres. La création des Nations unies et les délibérations sur un État palestinien indépendant et un État pour les Juifs ont intégré la formule complexe de la légitimité et de l'autonomie. L'occupation continue, les colonies incontestées et la fragmentation de la gouvernance des terres compliquent le contexte historique de la perte et de l'exil.

Au fil des ans, la quête de reconnaissance a simultanément impliqué des tentatives diplomatiques, une résistance militaire et un soutien local, illustrant une tentative active d'exercer son pouvoir et de prendre le contrôle de l'histoire. Les organismes et résolutions internationaux ont souligné l'obligation de reconnaître les droits et la souveraineté des Palestiniens ; cependant, les forums internationaux n'ont pas encore apporté de soutien concret à cette reconnaissance, et la mise en œuvre d'une structure de soutien géopolitique reste problématique. Aujourd'hui, la reconnaissance s'inscrit dans une mosaïque complexe d'une histoire douloureuse et d'une persévérance inébranlable, et elle encadre le discours controversé sur la justice et la souveraineté. Les concepts de justice et de souveraineté, ainsi que la reconnaissance actuelle, façonnent le discours administratif nécessaire et le besoin constant de propositions politiques inclusives qui répondent aux défis de la région.

Souveraineté et droit international

La souveraineté est l'un des piliers essentiels de l'État, qui comprend le pouvoir et le contrôle d'un État sur son territoire géographique défini. Pour la Palestine, la recherche de l'autodétermination et de l'indépendance rend l'obtention de la souveraineté tout aussi vitale. Le droit international offre le meilleur cadre pour affirmer et défendre la souveraineté sur la scène internationale. Une série de documents juridiques, notamment des traités, des lois, des normes internationales et des coutumes, soutiennent cet objectif.

L'un des fondements essentiels de la souveraineté en droit international est la Convention de Montevideo sur les droits et devoirs des États de 1933. Ce document important décrit les premiers critères de la souveraineté et affirme qu'un État doit disposer d'un territoire géographique défini, d'une population sédentaire, d'une autorité gouvernementale et de la capacité de nouer des relations avec d'autres pays. Le respect de ces critères renforce la revendication de souveraineté du pays, car il confirme que l'État est un membre légal de la communauté internationale.

En outre, le principe d'autodétermination revêt une importance primordiale dans le cas de la souveraineté palestinienne. L'un des droits dominants les plus importants d'une personne est l'autodétermination, qui, en vertu du droit international, permet aux peuples de façonner leurs propres systèmes de développement politique, économique, social et culturel. Il s'agit presque toujours d'un élément fondamental pour parvenir à la souveraineté, en particulier dans les territoires colonisés et assujettis. Le lien étroit entre l'autodétermination et la souveraineté fournit la justification juridique internationale nécessaire pour défendre les droits et les aspirations des Palestiniens.

En outre, les Nations unies maintiennent le principe de souveraineté en recourant à la détermination des frontières, à la reconnaissance des États, aux relations internationales et à la coexistence pacifique entre les États. Les Nations Unies examinent certaines actions unilatérales qui violent le droit international, comme l'expliquent divers documents. Le principe fondamental des Nations Unies est la libre souveraineté de ses membres. La souveraineté militaire est discutée à l'Assemblée générale et au Conseil de sécurité, où l'Agence pour les affaires politiques et de sécurité agit en tant que principal exécutant des relations internationales. Les relations étrangères des États considérés comme membres de blocs militaires font l'objet d'une attention particulière dans les programmes des Nations Unies.

La justice, telle qu'elle est exercée par le droit international ainsi que par la doctrine et les décisions relatives à la souveraineté, revêt une importance considérable dans le domaine du droit international. La Cour internationale de justice est une cour juridictionnelle qui a compétence pour connaître des conflits internationaux liés aux frontières, au territoire et à la souveraineté des États. Ces droits sont fondamentaux pour les constitutions des Nations Unies. Les décisions de cette cour suprême ont des conséquences importantes en droit international, car ses arrêts sont considérés comme des précédents pour les affaires d'État. Les nations limitrophes sont décrites dans ces concepts, et les États deviennent soumis à ces constitutions du droit international.

Malgré l'existence du droit, la manière dont la domination et le contrôle sont exercés à l'égard de la Palestine est en soi la preuve des moyens dont dispose le monde pour permettre au peuple de revendiquer sa place aux côtés des membres de la communauté internationale. Des accords internationaux légitimes et des actions diplomatiques intensives visent à établir le fondement juridique idéal pour la création d'un État, la domination et l'autonomie.

Stratégies d'engagement diplomatique

La diplomatie est un pilier important pour défendre la cause palestinienne sur la scène internationale. À l'instar d'autres initiatives, la diplomatie est une entreprise multiforme qui se déroule à plusieurs niveaux. Au niveau bilatéral, il est essentiel de collaborer avec les gouvernements étrangers, qui constituent le public principal, afin de former des coalitions et des alliances en faveur de la cause palestinienne. Cela peut inclure la création d'institutions diplomatiques spécifiques, telles que des ambassades et des consulats, afin de poursuivre les discussions et les négociations avec d'autres pays. Des efforts diplomatiques systématiques et stratégiques envers ces pays peuvent aider les dirigeants palestiniens à forger des liens solides avec eux et à plaider en faveur de la reconnaissance internationale, de la souveraineté et des droits. En outre, ces dirigeants peuvent guider les Palestiniens afin qu'ils utilisent la diplomatie de manière appropriée, en évitant les hostilités avec ces nations et en défendant la position palestinienne sur la scène internationale. Les Palestiniens peuvent également utiliser les forums internationaux, les sommets internationaux et la participation électronique à des réunions internationales pour mener d'autres efforts diplomatiques en faveur de la paix. Bien que la diplomatie multilatérale soit également importante, le fait de plaider en faveur de l'adhésion à des organisations internationales prestigieuses telles que le système des Nations unies permet aux Palestiniens de multiplier l'impact de leur plaidoyer en faveur de la création d'un État. Grâce à la collaboration internationale, il est possible de militer en faveur du droit des Palestiniens à créer leur propre État. Outre les efforts de l'ONU, cela inclut la participation et le soutien aux dynamiques régionales et aux coalitions d'action sur des questions communes, ainsi que la promotion de l'action collective. Dans le domaine de la diplomatie publique, l'utilisation des moyens de communication modernes sur la scène internationale est une considération importante et primordiale pour la défense professionnelle des intérêts des pays du Moyen-Orient et d'autres partisans, ainsi que pour les autres personnes qui organisent cette défense.

Il s'agit notamment de la communication avec les médias, de la diplomatie culturelle, des discours publics et de l'engagement en direct, qui servent à représenter les espoirs et le dynamisme des Palestiniens. En outre, l'utilisation de la diplomatie numérique associée aux médias sociaux permet le partage d'informations et la mobilisation du soutien international. La diplomatie culturelle, qui consiste à mettre en valeur les arts, le patrimoine et la littérature des Palestiniens, favorise la compréhension et l'empathie. La diplomatie engagée comprend également des actions ciblées visant à négocier et à faciliter le dialogue entre les parties en conflit. Un dialogue constructif et des processus de recherche de consensus sont possibles avec la communauté internationale grâce à des médiateurs réputés et à des initiatives de résolution des conflits impliquant des organisations internationales pacifiques. Les dirigeants palestiniens peuvent intégrer la défense des intérêts et une diplomatie multiforme, qui comprend le dialogue, la négociation et la maîtrise des relations internationales complexes, afin de rechercher la justice, la reconnaissance et la souveraineté partout dans le monde.

Cadres de collaboration et alliances

Ce type d'alliances est essentiel pour soutenir la promotion de la justice, de la reconnaissance et de la souveraineté du peuple palestinien. Des partenariats internationaux stratégiques et un soutien continu sont indispensables au développement durable. Il est nécessaire de travailler avec toutes les parties prenantes potentielles pour développer ces alliances, y compris les États, les organisations intergouvernementales, les ONG et la société civile.

La collaboration avec les gouvernements permet d'élaborer des politiques, d'entreprendre des actions diplomatiques et de défendre les droits des Palestiniens sur la scène internationale. Le renforcement des liens avec les pays les plus sympathiques contribue à accroître le soutien aux Palestiniens et à leur cause dans les forums et institutions mondiaux. En outre, la prise de contact avec des organismes intergouvernementaux clés, tels que l'ONU, l'UE et la Ligue arabe, ouvre la voie à des initiatives diplomatiques directes, à des actions de plaidoyer et à la mobilisation de ressources.

Cette approche verticale et horizontale du soutien à la défense des droits peut compléter les efforts de diverses organisations non gouvernementales (ONG) dans la mise en œuvre d'activités d'aide humanitaire, la défense des droits humains et l'autonomisation des personnes sans voix et marginalisées spécifiquement pour cette cause. Ces partenariats aident les organisations à renforcer leur action de plaidoyer et leur leadership à l'échelle locale, régionale et mondiale, ainsi qu'à accroître la visibilité de la cause palestinienne au niveau international. En outre, toute une série d'alliances avec des institutions universitaires, des unités de recherche et d'élaboration des politiques et des groupes de réflexion peuvent notamment contribuer à organiser, analyser et élaborer des stratégies de plaidoyer et d'élaboration des politiques afin de produire les preuves, les informations et les connaissances nécessaires.

Parallèlement, la mise en place de cadres de collaboration devrait inclure les éléments d'autonomisation économique et d'accès aux ressources et aux services. La réalisation de l'autosuffisance, associée à une croissance économique autonome, est fondamentale pour soutenir l'économie palestinienne. Les partenariats avec les institutions financières internationales, les agences de développement et les entités du secteur privé peuvent favoriser les investissements, l'esprit d'entreprise et la création d'emplois potentiels. Les opportunités d'investissement, associées à des collaborations ciblées, renforcent les entreprises, les industries et les entrepreneurs palestiniens, favorisant ainsi la résilience économique et une croissance durable.

Dans la recherche d'accès aux ressources, les partenariats

stratégiques peuvent contribuer à la gestion durable de l'eau, des terres, de l'agriculture et d'autres ressources renouvelables. Les partenariats en matière de ressources, associés à des partenariats régionaux de transfert de technologies et de gestion environnementale, favorisent la coopération environnementale transfrontalière qui maintient et crée la stabilité et le développement régionaux. Cela est bénéfique non seulement pour les Palestiniens, mais aussi pour l'ensemble de la région. En outre, les partenariats avec des organisations environnementales et écologiques soulignent l'engagement de la région en faveur du développement durable et de la gestion responsable des ressources naturelles.

En dernière analyse, les cadres de collaboration, associés aux partenariats, visent à promouvoir les principes de justice, de reconnaissance et de souveraineté. Grâce à des efforts de collaboration, un large éventail de secteurs est réuni pour créer une stratégie unique qui répond aux droits et aux aspirations du peuple palestinien, fournissant ainsi un plan directeur pour la région.

Autonomisation économique et accès aux ressources

L'autonomisation économique et l'accès aux ressources sont essentiels pour soutenir la lutte des territoires palestiniens pour la justice et l'autonomie. Depuis plus de soixante-dix ans, les Palestiniens sont marginalisés sur le plan économique en raison de la perte d'opportunités économiques et de la répartition inégale des ressources, ce qui les a rendus dépendants de l'aide d'entités extérieures.

Cette question doit être traitée par le biais du développement économique local, mais aussi par la promotion de l'accès aux ressources. Le développement économique des territoires palestiniens nécessite de mettre l'accent sur la réduction de la dépendance et la promotion de l'autonomie. Cela signifie qu'il est nécessaire de mettre en place des politiques qui renforcent l'esprit d'entreprise, l'innovation et l'investissement, et qui traitent les contraintes relatives telles que le capital, les infrastructures et l'accès au marché. En outre, l'investissement ciblé et stratégique dans les ressources marines de Gaza et d'autres ressources offshore présente le double avantage de favoriser le développement économique et d'affirmer les droits territoriaux. L'exploitation de ces ressources avec des investisseurs mondiaux sur le marché de l'énergie est une mesure pertinente pour parvenir à l'autosuffisance et à l'autonomie économiques.

Dans ce cas, la gouvernance des projets de développement lancés pour ces ressources doit être ouverte et responsable, afin que les revenus obtenus aient un impact positif sur le peuple palestinien et son développement. En outre, le maintien de la résilience de l'économie en réduisant la dépendance à l'égard du secteur économique traditionnel de l'agriculture et du tourisme ouvrira d'autres nouvelles sources de croissance économique. De plus, la construction d'infrastructures favorables à la création d'activité économique, telles que des centres de transport et des centres industriels, favorisera le développement économique et améliorera l'accessibilité géographique et la connexion des territoires palestiniens avec les économies voisines. Une planification délibérée et active, associée aux autres projets menés, garantira la réalisation de l'objectif économique connexe de reconnaissance, d'autodétermination et d'autonomie. L'exercice d'une pression économique et l'utilisation des ressources propres renforceront la capacité à résister aux forces adverses imposées de l'extérieur et amélioreront également la capacité à se défendre et à promouvoir et faire valoir la cause palestinienne sur la scène internationale. Cela contribuera à son tour à l'autodétermination et au renforcement de l'action et des capacités dans les territoires palestiniens. L'autonomisation économique et l'accès aux ressources sont indispensables pour parvenir à l'autodétermination et à des réalisations productives sans dépendre de forces extérieures.

Établir les fondements institutionnels

La tâche la plus importante est peut-être la mise en place de cadres institutionnels, parallèlement à la recherche d'une paix durable et de la souveraineté. Ce chapitre analyse la nécessité de créer des cadres institutionnels capables de soutenir la gouvernance, le droit et l'administration publique, en particulier en ce qui concerne la reconnaissance et la souveraineté. Cela représente un défi particulier pour les Palestiniens dans leur quête d'un État. Pour les Palestiniens, les mécanismes d'adaptation reposent sur la conception et la mise en place d'institutions capables de résister aux pressions extérieures et de répondre aux besoins et aux aspirations de la population. De telles institutions ne peuvent voir le jour qu'à travers la mise en place d'un cadre institutionnel complet combinant les pouvoirs législatif, exécutif et judiciaire. Les institutions de gouvernance, qui sont les piliers de la gouvernance, doivent intégrer les valeurs et les principes du droit international et des conventions internationales. Dans le même ordre d'idées, les institutions de gouvernance doivent inclure, au minimum, un système électoral indépendant et des mécanismes de représentation qui sont essentiels au cadre de gouvernance. Proportionnellement au système de gouvernance, son administration doit intégrer des organismes de réglementation et des institutions de contrôle. La fonction première de ces institutions est de contrôler le système de gouvernance, de fixer des normes, de définir les responsabilités et de combler les lacunes en matière de gouvernance et de gouvernance socio-économique.

Outre les organismes gouvernementaux, le renforcement des institutions comprend la promotion et le renforcement de la société civile, y compris le développement de la société civile, le système éducatif et la culture. Ces piliers de la société, la société civile et la culture, renforcent et approfondissent le caractère pluraliste d'un État palestinien. L'aspect de l'intervention soutenue, qui comprend l'intervention en matière de renforcement des capacités, ne doit pas être omis. La fourniture de formations et de matériel, ainsi que la détermination à faire progresser les piliers sociaux et économiques de ces institutions, sont fondamentales pour réussir. Ces activités seront grandement renforcées par la coopération et l'aide internationales. D'autre part, il est également important de collaborer avec d'autres nations. L'établissement de relations avec les acteurs du renforcement des institutions et la promotion de relations de coopération avec d'autres pays contribuent au développement de cadres institutionnels. Ces efforts aideront à conclure des accords bilatéraux et multilatéraux essentiels à la construction de l'État. La mise en place d'institutions civiles et réactives, d'autre part, correspond à la construction du système administratif de l'État. Cela revient également à construire une communauté qui garantit le respect de l'État de droit, des libertés civiles, des droits sociaux et d'un système politique démocratique véritablement progressiste. La construction d'un État palestinien est la construction d'un État admiré au niveau international, qui suscite l'intérêt et a un impact dans la sphère mondiale contemporaine. Cela revient également à mettre en place des institutions qui constitueront les fondements de l'État et qui, à terme, lui permettront de faire preuve de souplesse et de ne pas être la marionnette d'autres acteurs du système international.

Aborder la question des droits humains et des réparations

Il est essentiel de dire que la réponse au problème de la justice et de la réconciliation est « pas encore ». C'est l'un des nombreux hochements de tête que le « travail de justice » adresse aux nombreuses personnes et communautés et aux nombreuses formes que prend la souffrance lorsque la justice reste inachevée. La déclaration reconnaît que le « travail de souffrance » permet de restaurer les relations absentes et brisées pour lesquelles la justice œuvre. Cette phrase justifie le travail de « cinquante ans » de réconciliation et de justice israélo-palestinienne. La déclaration justifie le travail visant à intégrer les préjudices juridiques et humains ignorés subis par le peuple palestinien et à réparer les violations des droits humains.

Rééquilibrer les efforts de réconciliation afin de traiter les blessures contemporaines infligées aux Palestiniens est tout aussi important, sinon plus, pour parvenir à la justice. Ce travail exige de cesser d'ignorer, ou de « rééquilibrer », les efforts de réconciliation pour les nombreuses « graves » blessures contemporaines subies par le peuple palestinien en matière de droits humains. Ce travail exige également la documentation et la reconnaissance publique des violations des droits humains, des blessures juridiques et sociales, des traumatismes personnels et communautaires, ainsi que de l'héritage des violations qui continuent de renforcer les injustices et de façonner le travail. Ce travail sert d'intercession pour promouvoir une approche « équilibrée » de la justice et de la réconciliation. L'objectif est simplement la réparation. Ce travail est directement lié aux violations subies par le peuple palestinien. Il porte sur l'élaboration d'une loi sur la réparation. Il s'agit très probablement du travail le plus préjudiciable en matière de droits humains dans le cas palestinien. C'est pourquoi le travail de réconciliation au sein de la communauté israélienne est si douloureux.

Il est essentiel et déplacé. Ce travail cause du tort et viole le droit à l'indemnisation. C'est la principale réparation qui doit être abordée dans le cas du peuple palestinien. Cela justifie la quasi-totalité des efforts en matière de droits humains liés au travail de réparation dans le cadre de la loi sur la réconciliation. Cette procédure est profondément douloureuse. Le « travail de réconciliation » implique un travail de réparation, une reconnaissance puissante du travail laissé par la loi sur la réconciliation. Ce travail incomplet exacerbe les blessures infligées aux communautés palestiniennes.

Ce terme inclut également la réparation des violations des lois relatives aux droits humains commises par l'État d'Israël. Cette situation est profondément douloureuse et largement ignorée. Cette reconnaissance doit être ajoutée aux lois de réparation centrées sur les droits humains.

Elle porte profondément atteinte et ignore le travail de réparation qui est au cœur de la loi. Elle nuit également et néglige considérablement la loi de réconciliation, qui vise à promouvoir à la fois la réparation et la réconciliation par l'élaboration de lois. Il est nécessaire d'y remédier. La situation est profondément douloureuse.

En outre, pour obtenir réparation et répondre aux violations des droits humains, il faut également tenir pour responsables ceux qui commettent, facilitent ou nient ces violations. Tenir ces personnes pour responsables est un moyen de rendre justice aux victimes et d'empêcher que des violations similaires ne se reproduisent à l'avenir. Ce processus dépend inévitablement de la volonté d'appliquer l'esprit des instruments juridiques internationaux pertinents et de veiller à ce que ceux qui commettent ou tolèrent des violations des droits humains soient tenus de répondre de leurs actes répréhensibles.

Bien entendu, la détermination des réparations doit tenir compte d'autres aspects. Il s'agit principalement d'apporter des réponses concrètes aux victimes de violations partielles ou totales des droits humains. Ces réponses comprennent l'indemnisation, la restitution, la réhabilitation et la satisfaction. Les réparations visent à répondre aux dommages économiques et émotionnels infligés aux victimes et, ce faisant, à reconnaître leur valeur et à tenter de rétablir leur justice.

L'un des aspects les plus importants de la lutte pour les droits humains et de la mise en œuvre des réparations est l'intégration des personnes et des communautés touchées dans le processus décisionnel. La participation des communautés directement touchées garantit que les mesures de réparation prises sont adaptées à leurs expériences et à leurs besoins, et les actions ayant un impact direct sur les personnes et les communautés favorisent l'autonomie et l'émancipation. En outre, l'engagement des organisations de la société civile, des défenseurs des droits humains et des acteurs transnationaux de la société civile, des réseaux de défense des droits et des organisations de défense des droits humains peut considérablement contribuer à la promotion des réparations et à l'intégration des voix marginalisées, des réseaux transnationaux de la société civile, des cadres de défense des droits et des organisations afin de faire entendre les voix marginalisées des communautés et de les consolider.

Il y a des leçons à tirer de la communauté internationale et des structures mondiales de défense des droits. La promotion de cadres, de plans d'action et d'approches axés sur les réparations devrait s'appuyer sur la défense des réseaux de la société civile qui se concentrent sur le droit à réparation en cas de violations des droits humains. Il est très utile d'évaluer l'action civile et son interface avec les réparations, y compris la justice transitionnelle, les commissions vérité et réconciliation et la jurisprudence internationale. Les stratégies d'autres sociétés touchées par des conflits, en particulier dans le contexte israélo-palestinien, peuvent être fortement influencées par le plaidoyer en faveur de la justice réparatrice par le biais de réseaux internationalement reconnus qui soutiennent le droit à réparation dans le cadre de structures internationales dépendantes.

La recherche de réparation et de dédommagement pour les violations des droits humains répond à la nécessité de corriger les torts historiques et contribue à signaler la possibilité d'un avenir plus équitable et plus inclusif. Elle exige un engagement à faire face aux réalités difficiles de la situation, la nécessité de rendre des comptes et d'obtenir réparation, et la priorisation des besoins de ceux dont la vie a été le plus profondément affectée par la violence. Les violations des droits humains et la nécessité de réparations dans la hiérarchie des objectifs de justice et de réconciliation sont essentielles à la feuille de route pour une paix et une dignité durables pour tous.

Études de cas : précédents mondiaux

Dans le cadre de la recherche de voies possibles pour parvenir à la justice et à l'autodétermination du peuple palestinien, il serait utile d'examiner des études de cas mondiaux sur ces questions. L'un des cas les plus frappants à étudier serait celui de l'Afrique du Sud et de ce qu'elle a vécu après l'abolition de l'apartheid. La Commission vérité et réconciliation de l'Afrique du Sud post-apartheid expose une compréhension approfondie des subtilités liées au traitement des conséquences des injustices historiques et des cadres durables possibles pour la paix. En cherchant à comprendre les cadres permettant de traiter les violations des droits humains et les tentatives d'extension des réparations, il est possible d'éclairer la situation des Palestiniens et de dégager des méthodes constructives et non constructives possibles. Un autre cas intéressant est celui de la résolution du conflit en Irlande du Nord grâce à l'accord du Vendredi saint de 1998, qui a marqué un tournant dans l'histoire de l'Irlande en matière de processus de paix et d'autodétermination. Il est utile d'analyser l'évolution des négociations, la mise en œuvre des politiques de partage du pouvoir et la mise en place d'une gouvernance multicommunautaire afin de tirer de nombreux enseignements pour le cas palestinien en matière de souveraineté et d'aspirations à la création d'un État. D'autres enseignements peuvent être tirés des tentatives de réconciliation et de justice transitionnelle dans la Colombie et le Rwanda post-conflit, qui servent de base à l'explication a posteriori de la synthèse des différentes perspectives et des tentatives de justice pour les injustices passées.

Les scénarios mettent en évidence la fusion critique entre les multiples aspects juridiques, politiques et de réconciliation sociale dans la recherche d'une issue constructive en termes de justice et de souveraineté. Les études de cas et les documents du monde entier fournissent à la lutte palestinienne les améliorations spécifiques nécessaires à son cheminement vers l'autodétermination et une paix durable.

Vision pour un processus de paix durable

Dans le contexte du conflit israélo-palestinien, la complexité des moyens permettant de parvenir à un processus de paix durable nécessite la formulation d'une approche globale, multiforme et intégrative pour traiter les spécificités de la situation actuelle. La vision d'un processus de paix durable, s'inspirant des meilleures pratiques et des enseignements internationaux, doit inclure un certain nombre d'éléments interdépendants. Tout d'abord, elle nécessite la reconnaissance et le respect mutuels de la souveraineté et de l'autodétermination de l'État palestinien et d'Israël après la fin de l'occupation militaire et le retrait des colonies illégales.

Cette reconnaissance et ce respect constituent le fondement de toute résolution durable. En outre, il doit y avoir une approche transparente et responsable de la répartition équitable des ressources, des infrastructures et des opportunités économiques accessibles aux Palestiniens, étant donné qu'ils sont ceux qui souffrent des horreurs de l'occupation israélienne. Il est essentiel pour la paix de traiter ces questions de justice socio-économique ainsi que la réconciliation avec le passé, par la vérité et la reconnaissance des erreurs passées. Une telle approche s'inspire des pratiques de consolidation de la paix mises en œuvre à travers le monde, qui intègrent la justice transitionnelle, la réparation et le rétablissement de la dignité de tous les survivants des conflits. En outre, il est nécessaire que les principaux acteurs concernés, tant au niveau régional qu'international, qui souhaitent promouvoir la stabilité et la collaboration en vue de la mise en œuvre de la solution à deux États au conflit, s'impliquent directement et s'engagent, ce qui renforcera à son tour le processus de paix à l'échelle mondiale.

La participation de la communauté internationale, y compris des pays voisins, des États puissants et des organisations internationales, est cruciale pour assurer un soutien diplomatique et développemental durable au processus de paix. Un processus de paix s'étend à la création de sociétés pacifiques et démocratiques. Cette vision tournée vers l'avenir englobe la participation démocratique et inclusive de tous les Palestiniens (y compris ceux qui ont résisté par les armes à l'occupation de leur pays) à des institutions autonomes qui leur permettent de prendre part à la gouvernance de leurs communautés et à la défense de leurs intérêts afin de garantir la prise de décisions communes pour tout ce qui concerne leurs intérêts nationaux. Le processus élargit la participation à l'inclusion et à la diversité plus riche des marges de la société afin de combler les fossés, de construire des ponts, de franchir le pont du dialogue interculturel et de cultiver une appropriation commune de la coexistence pacifique. L'éducation au développement durable donne aux générations futures les moyens d'œuvrer pour la paix et le développement, en s'engageant à long terme et en s'engageant dans un dialogue durable sur l'éducation et la culture des générations futures. Cette vision englobe un processus de paix durable et inclusif, libre et démocratique, ce qui signifie qu'aucune faction palestinienne ne devrait être exclue, qu'elle soit affiliée ou non à l'OLP. L'image qui se dessine est celle d'une justice, d'une égalité et d'une dignité incarnées. Il s'agit d'une vision qui répond à l'un des défis persistants et non résolus du monde contemporain. En invoquant un processus de paix durable, ces principes transformateurs et ces sources d'intégration visent à stabiliser la région.

www.ingramcontent.com/pod-product-compliance
Lightning Source LLC
Chambersburg PA
CBHW051540020426
42333CB00016B/2029